KB265790

소비자를 생각하는
패션마케팅 전략

국립중앙도서관 출판시도서목록(CIP)

(소비자를 설득하는) 패션마케팅 전략 / 전대근 〔지음〕.
— 서울 : 한국방송통신대학교출판부, 2008
  p. ;   cm. — (아로리총서 ; 6 – 문화와 트렌드3)

ISBN 978-89-20-92826-0 04080 : ₩ 5900
ISBN 978-89-20-92820-8(세트)

패션 마케팅〔fashion marketing〕

592.03-KDC4
646.068-DDC21   CIP2008003469

소비자를 생각하는
패션마케팅 전략

ⓒ 전대근, 2008.

2008년 12월 1일 초판 1쇄 펴냄

지은이 | 전대근
펴낸이 | 장시원

편집 | 박혜원
표지 및 본문 디자인 | 보빙사
인쇄 | 삼화인쇄

펴낸곳 | (사)한국방송통신대학교출판부
등록 1982년 6월 7일 제 1-491호
주소 서울특별시 종로구 이화동 57번지 (우)110-500
전화 (02)3668-4764
팩스 (02)741-4570
홈페이지 http://press.knou.ac.kr

〈지식의 날개〉는 한국방송통신대학교출판부의
교양도서 브랜드입니다.

아로리총서 : 문화와 트렌드-3

소비자를 생각하는
패션마케팅 전략

전 대 근

21세기에 접어들면서 본격화된 패션 트렌드와 패션 유통의 다극화, 국내 생산 기반의 붕괴와 글로벌 아웃소싱, 양면적 소비에서 다면적 소비로의 변화, 다품종 소량 생산에서 다품종 변량 생산으로의 전환, 기후 온난화에 따른 계절 마케팅의 도입 등은 벌써 진행되고 있거나 이미 잊혀진 내용이며, CRM, SCM, PLM 등의 마케팅 전략은 이제 뒤늦은 주제가 되고 있다. 제대로 실천하고 있는 기업은 없지만, 소비자 지향의 패션마케팅이나 감성 중심의 패션마케팅을 실천해야 한다는 이야기도 패션업계에서는 이미 진부한 듯 느껴진다.

그렇다면 이와 같은 패션 산업의 변화와 주제들은 이제 더 이상 의미 없는 단어에 지나지 않고, 끝나지 않은 패션마케팅의 정체성에 대한 논의는 정말 식상한 것일까? 혹시 패션을, 패션마케팅을 단지 한 시대의 유행처럼 가볍게 생각하기 때문에 나타나는 문제는 아닌지 이 글을 읽는 독자에게 다시 한번 생각해 보자고 말하고 싶다.

이 책에서는 상기한 내용과 관련하여 체계적으로 깊이 있는 마케팅 이론을 다룬다거나 패션상품을 잘 팔 수 있는 패션마케팅 전략을 제안하지도 않는다. 옷 잘 입는 법이나 옷 고르는 법을 알려 주는 것은 더더욱 아니다. 단지 급변하는 패션 환경 속에서 다양한 패션마케팅 전략과 접목하여 생각해 볼 수 있는 문제를 던져 놓고,

스스로 정답을 만들어 낼 때까지 소비자의 관점에서 패션마케팅 전략을 세우고 실천하고 평가하는 3가지 과정을 훈련할 뿐이다. 이러한 학습 과정에서 독자들은 스스로 패션 환경의 변화를 읽는 눈, 패션마케팅 전략을 세우는 손, 그리고 소비자들의 마음을 읽는 마음을 조금씩 찾아갈 수 있을 것으로 생각한다.

이 책은 끊임없이 패션마케팅 전략을 개발해야 하는 패션업계의 실무 담당자들에게 사고의 전환을 통해 효과적인 마케팅 전략을 구상할 수 있는 새로운 아이디어를 제공하고, 패션을 공부하는 학생들이나 패션마케팅에 관심 있는 모두에게 변화하는 환경, 소비자, 그리고 패션마케팅을 새로운 시각으로 바라볼 수 있는 사고의 틀을 제공하는 데 의의를 두고자 하였다. 특히 여러 가지 패션마케팅 전략을 쉽고 간결하게 소비자 중심으로 풀어가고자 하였다.

전체의 내용은 크게 3부분으로 구성하였다.

1부에서는 변화하는 자연적, 사회적 환경 속에서 패션 마케터들이 어떻게 변화를 인식하고 효과적인 마케팅 전략을 기획할 것인가를 이야기한다. 소비자를 지향하는 사고의 전환을 통해 다양한 아이디어를 실제 전략과 연결시켜 생각해 볼 수 있을 것이다.

2부에서는 브랜드 간의 치열한 경쟁 속에서, 상품과 브랜드에 대한 이해를 바탕으로 소비자에게 접근하여 설득할 수 있는 마케팅 전략을 알아본다. 이를 위하여 효과적인 마케팅 도구의 조합 방법, 브랜드 커뮤니케이션 전략의 개발 방법 등을 다양한 촉진 전략의 실행 속에서 접근하고자 한다.

3부에서는 생산과 소비가 분리되기 어려운 현실에서 생산자와 판매자가 소비자를 바라보는 것이 아니라 소비자의 관점에서 생산과 판매를 고려해 본다. 소비자의 눈높이를 지향하는 전략적 사고와 소비자 시각 중심의 실행 전략을 이해하고 조화시키는 방법을 찾아보고자 한다.

이 책을 통해서 많은 독자들이 실무 혹은 교과서에서 접한 패션 마케팅의 원리와 이론을 다양하게 접목하여 변화하는 패션 환경에 적절하게 대처할 수 있는 유연한 사고와 감각을 키울 수 있기를 진심으로 바란다. 또한 본문에서 제기한 접근 방법과 해결 방안이 항상 정답일 수는 없으나, 새로운 시장 환경에서 발생하는 문제를 창의적인 접근 방법을 통해 해결하고자 하는 일련의 과정 그 자체는 하나의 정답이 될 수 있으리라 생각한다. 서로 얽히지 못할 것 같은 패션을 기반으로 한 감성미학, 그리고 논리와 이성에 무게를 실은 사회과학이 만나서 꽃을 피우는 부조화의 극치가 바로 패션마케팅이다. 조화된 부조화 속에서, 차별화된 전략을 차별화하는 과정 속에서, 새로운 패션마케팅을 만들어가는 많은 아이디어가 나올 수 있으리라 믿어 의심치 않는다.

이 책이 나오기까지 저자에게 도움을 주신 많은 분들께 감사를 드리고자 한다. 이 책을 읽는 독자들이 패션마케팅과 관련하여 새로운 아이디어를 떠올리고 전략적 사고의 전환을 모색할 수 있는 부분이 조금이라도 있다면, 그것은 모두 패션마케팅에 대한 탁월한 통찰력을 갖춘 학자이자 졸저자의 은사이신 고 이은영 서울대학교 교수님께서 깊이 있는 가르침을 주신 덕분이다. 그리고 패션마케팅에 대한 다양한 시각을 통해 많은 지식과 견해를 공유하고 지속적인 연구 활동을 함께 하고 있는 서울대학교 패션마케팅연구회의 선후배님들께도 고개 숙여 감사 드린다.

바쁜 일정에도 불구하고 책이 출간될 수 있도록 도와주시고 성심성의를 다해 노력해 주신 '지식의 날개' 관계자 여러분에게 진심 어린 감사의 마음을 전한다.

chapter 3

소비자의 입장에서
패션마케팅 전략 따라잡기

급변하는 환경 속에서
패션마케팅 전략 기획하기

급변하는 환경 속에서 패션마케팅 전략 기획하기

들어가기 : 변화를 전략으로 개발하라

사람들은 봄이 오면 무슨 일을 가장 먼저 하고 싶어할까? 지난 봄을 한번 생각해 보자. 봄나들이, 새로운 취미 배우기, 여행, 등산 등을 꼽는 사람들이 많다. 봄옷을 구입하겠다는 응답이 순위에는 여전히 올라 있지만 예전에 비하면 봄옷 구입이라는 응답이 많이 줄어들었다. 그러나 요즘 날씨를 보면 소비자들의 이러한 응답을 이해할 수 있을 것 같다. 정말 봄옷 사는 것이 쉽지 않다. 봄이 찾아와서 이제 봄이다 싶어도 기온이 들쭉날쭉해 그런지 봄날 같은 봄은 열흘도 이어지지 않는 것 같고 게다가 4월까지도 갑자기 0℃에 가까운 추운 날이 있어서 넣어둔 겨울 점퍼를 꺼내고 싶은 생각이 든다. 그러나 4월 말이면 갑자기 30℃에 가까운 더운 날이 찾아와 어느새 여름으로 넘어가 버리기 때문에 봄옷을 구매할까 말까 1주일만 멈칫해도 살 만한 옷은 다 팔려 버리고, 막상 사고 싶어도 매장에는 주요 사이즈가 빠져나간 상품들만 남는다. 그러다 보면 옷을 사고 싶은 마음도 줄어들고, 결국 며칠 입지도 못할 옷을 사는 것은 낭비라는 생각이 들어서 많은 사람들이 봄옷을 사고 싶어 하지 않게 된다. 가을에도 마찬가지다. 무더운 여름이 지난 듯해도

10월까지는 반팔을 입고 다녀야 할 만큼 덥지만, 어느새 서리와 눈이 내리는 영하의 날씨로 이어져서 일반적인 소비자들이라면 멋쟁이 소리를 듣기 위해서 가을옷 사기는 좀 부담스럽고 차라리 돈을 조금 더 보태서 몇 년은 입을 수 있는 괜찮은 겨울옷 한 벌 장만하는 것이 낫다고 생각한다.

그렇다면 최근 몇 년 간에 이렇듯 우리나라의 기후와 날씨가 급변하는 가운데 패션 산업은 어떻게 대응하고 있는가? 계절에 딱딱 맞는 패션상품들을, 시즌 마지막까지 사이즈를 좀 잘 갖춰 줬으면 하는 소비자들의 생각을 알기는 하는 건지, 날씨에 맞게 계절 상품의 매시즌 출고 및 판매 일정을 체계적으로 조절하고 있는지 내심 궁금하지 않을 수 없다. 현실적으로 보면, 전년도 매출과 재고 수준에 맞추어서 잘 팔리지 않는 봄 가을 상품 수량은 대폭 줄이고 상품 단가가 낮은 여름 상품 보다는 비교적 단가가 높은 겨울 상품의 판매에 보다 집중하는 패션 기업이 의외로 많다. 겨울이 길어지긴 했지만 겨울 온난화 때문에 춥지 않은 겨울이 계속되는 가운데 올해는 좀 추운 날이 많아져서 겨울 상품이 더 많이 팔리면 좋겠다고 바라면서 말이다. 그렇다면 어떻게 패션 기업들은 이러한 자연 환경 변화에 체계적으로 적응해서 좀더 괜찮은 패션상품을 내놓을 수 있을까? 이를 통해 소비자들을 어떻게 만족시킬 수 있을까?

내용을 바꾸어 사회적인 문제를 좀 살펴보자. 재래시장을 활성화시키기 위해 정부가 다양한 방안을 내놓고 수백억 원에 달하는 막대한 지원금을 후원하고 있다는 기사를 신문과 방송에서 자주 접하고 있다. 후원 내용도 무척 다양하고 현실적인 재래시장 지원 프로그램이라는 생각도 든다. 소비자들이 편안하게 쇼핑할 수 있도록 도로나 주차장을 포함한 시장 환경을 개선하고 있으며, 지방 자치 단체마다 상품권이나 카드의 사용 확대, 정찰제 및 상인 재교육 등을 앞다투어 실시하고 있다. 그러나 후원이 활성화될수록 재래시장의 매출은 급격하게 감소하고 있다. 왜 그럴까? 소비자들이 불경기로 인해 소비를 줄이는 탓도 있겠지만 모두 알고 있는 것처럼 재래시장을 이용하던 많은 소비자들이 대형마트로 가고 있기 때문이다. 본질적으로 소비자들은 점포 전환(store switch)을 하고 있는 것이다. 그렇다면 소비자들은 왜 대형마트로 갈까? 2008년 현재 전국적으로 약 400개가 넘는 대형마트들은 재래시장이 지금 추구하고자 하는 모든 것을 이미 준비해 놓고 영업을 하고 있기 때문이다. 또한, 재래시장이 쇼핑 환경을 변화시키면서 따라오자 쇼핑뿐만 아니라 24시간 영업, 영화관, 미용실, 사우나 등을 포함한 종합 생활 서비스 공간으로 발전하고 있기 때문이다. 게다가 대형마트에서는 유명 브랜드부터 자체 브랜드(private label)에 이르기까지 저렴한 가격으로 다양한 패션상품을 제공하기 때문에 재래시장에서 패션상품을 구매하는 것은 더욱 쉽지 않은 일이 되고 있다. 그렇다면 재래시장은 자체 혁신과 정부의 전폭적 지원으로 성공한 일부를 제외하고 예전의 5일장처럼 모두 관광지나 문화유산으로 사라질 것인가? 정말로 재래시장을 활성화할 방법은 없는 것인가?

이를 위해서는 재래시장의 자생적인 노력에 더해 선거나 민심을 겨냥한 정부의 정치적 접근이 아닌 실제적이고 체계적인 지원이 계속된다는 전제에서 출발해야 할 것이다. 무엇보다도 대형마트의 영업장 규모나 위치, 영업 시간이나 취급 품목 등에 대한 제도적

규제가 본격적으로 강화된 후에야 재래시장의 활성화는 가능성 여부를 타진할 수 있을 것이다.

여기서 예로 들고 있는 자연적 환경의 변화나 유통 환경의 움직임은 사실 패션 기업의 입장에서 어떤 방향성을 결정할 수 있는 문제가 아니다. 어떻게 보면, 기업의 입장에서는 단지 이렇게 커다란 변화를 미리 읽고 체계적으로 준비하여 자사 브랜드의 입지를 공고하게 하여 매출을 극대화하는 것이 중요하다. 경영학의 아버지라고 불리는 피터 드러커는 일찍이 "인구통계, 국내총생산(GDP) 등과 같이 큰 변수에 주목하여 특정한 사업 분야에 닥쳐올 변화에 대비하는 것이 중요하다"고 역설하였다. 자신의 사업 영업에서 변화를 살피는 것도 중요하지만 보다 본질적인 변화를 가져오는 분야의 변화가 특정한 사업 분야에 미치는 영향에 주목하고 그 변화를 읽어야 한다는 것이다. 예를 들어, 우리나라에서 급격한 출산율 저하와 1인당 GNP의 점진적 증가는 1990년대 말부터 예측되어 온 현상이다. 2가지 거대한 지표를 통해서 우리는 패션 산업에서 어떤 변화를 예측할 수 있을까? 한 가지 예가 바로 고급 유아동복 시장의 성장이다. 낮은 출산율로 신생아 수가 줄어들어 유아동복 시장이 점차 감소할 것이라는 예상과 달리 유아동복 시장은 1인당 GNP의 점진적 증가와 하나밖에 없는 아이에 대한 가정의 투자 증가로 평균 구매단가가 상승하였다. 또한 시장 양극화에 따라 고가 상품과 저가 상품에 대한 수요가 동시에 늘어나면서 판매 수량과 금액에서 오히려 견실한 성장세를 이어가고 있다. 그렇다면 세계적으로 유례를 찾기 어려운 빠른 고령화 현상과 국내 거주 외국인 증가율은 패션 산업에 어떠한 영향을 줄 것인가?

패션 산업 내부에서 보면 실제 패션상품으로 구현되는 과정이 복잡하고 다양한 변수가 존재하며 브랜드 간의 경쟁도 치열하지만 자연적 사회적 환경 변화와 같은 외부의 거시적인 영향에 따라 결정되는 부분도 무시해서는 안 된다. 따라서 패션 산업 외부의 영향을 어떻게 예상하고 준비하여 패션 산업 내부에 적용시킬 것인가는 무척 중요하다. 다시 한번 예를 들어 생각해 보자. 계절이라는 변수가 비교적 일정하게 유지되던 과거의 기획-생산-판매 계획을 오늘날에도 계속 고수하며 전통적인 패션마케팅 전략을 기획하는 A회사의 패션상품, 그리고 계절 변화와 날씨 변화에 맞게 체계적으로 기획-생산-판매 계획을 변화시키며 유기적인 패션마케팅 전략을 구사하는 B회사의 패션상품 가운데 어떤 상품이 시장의 선택을 받을 확률이 높을까? 또한 고급 유아동복 분야의 성장을 예상하고 수년 간 시장 조사와 상품 기획을 통해 브랜드 런칭을 준비한 C회사와 고급 유아동복 시장이 확대되는 것을 보고 뒤늦게 시장에 진입하는 D회사 간의 경쟁에서 누가 한 걸음 더 앞서나갈 수 있을까?

chapter 1에서는 이러한 자연적, 사회적 환경의 변화 그리고 여기서 파생된 소비자의 변화에 대해 패션 기업이 자사의 독특한 마케팅 전략으로 전환시키는 데 필요한 사고와 대표적인 전략을 살펴본다. 수학과 같이 정답이 있는 것은 아니지만 패션 회사가 자신에 맞는 해답을 찾을 수 있는 방법과 그 과정을 함께 모색해 보고자 한다.

급격한 기후 변화에 대처하는 패션산업의 자세

　급속한 산업화 과정에서 발생하는 환경 문제로 점점 심화되고 있는 이상 기온, 지구 온난화 현상(global warming) 등과 같은 기후 변화는 전 세계적으로 공동의 해결 방안이 필요한 대표적 의제로 떠올랐다. 평년에 비해 온난화와 같은 기후 변화가 급격하게 진행되고 있다는 것은 중장기적인 입장에서 기후 변화가 지구 환경에 미치는 총체적인 영향을 심각하게 검토해야 한다는 것을 의미한다. 또 단기적인 측면에서 볼 때는 이전과 다른 양상으로 날씨가 빈번하게 변화하고 있으므로 이를 적절히 예측하여 대응할 필요가 있다는 것을 뜻한다. 그러나 모든 산업 분야에서 이는 결코 쉽지 않은 문제다. 자연 환경과 밀접한 관계가 있는 농업이나 수산업 등에서는 기후가 달라지면서 재배 가능 경작물의 종류나 조업 가능 지역이 이미 변동하고 있다. 직간접적으로 날씨의 영향을 받는 다른 산업 분야에서도 변화하는 기후 조건을 예측하여 새로운 지역에 기간 산업을 육성하고 있다. 관광 업계에서는 날씨 변화에 맞게 기존 상품의 일정과 장소를 변경하여 소비자들의 수요를 충족하는 상품을 만들고 있으며, 식음료 업계에서는 날씨에 따라 변화하는 수요에 맞춰 적절한 신제품을 탄력적으로 공급하고 있다.

　날씨에 민감한 대표적 산업인 패션 분야에서도 짧아지는 봄과 가을, 그리고 무더워지는 여름과 길어지는 겨울에 각각 대응하여 '날씨 마케팅(weather marketing)' 혹은 '계절 마케팅(season marketing)'이라는 측면을 구체적인 상품 전략에 도입하고 있다. 예를 들어 매장 내의 디스플레이에서는 계절적 요소를 좀더 강화하고 있고, 기존의 고정된 계절별 상품 구색을 고수하기 보다는 각

계절 상품의 비중을 해당 시점의 날씨에 따라 유동적으로 조절하고 있다. 또한 게릴라성 호우가 예상되는 여름에는 종이 쇼핑백 대신에 방수 기능이 있는 비닐 쇼핑백에 상품을 담아 주는 것과 같이 고객 서비스에도 '날씨' 라는 요소를 반영하고 있다.

패션업계는 중장기적인 입장에서 기후 변화와 단기간 내의 날씨 변화에 탄력적으로 대응할 수 있는 제조 및 유통 시스템을 구축하고 이에 적합한 상품 구색과 고객 서비스를 제공하고자 노력하고 있다. 그러나, 기후와 날씨라는 통제할 수 없는 환경적 요소에 대한 마케팅적 이해와 적용에서는 어려움을 겪고 있다. 여기서는 먼저 변화하는 우리나라의 기후와 날씨를 살펴보고, 날씨와 계절의 변화에서 마케팅의 전략적 개념을 도출하여 소비자의 인식에 기초한 마케팅 전략을 모색하고자 한다.

소비자의 인식과 계절 변화

뚜렷한 사계절로 특징되었던 우리나라의 계절은 최근 몇 년 사이에 누구나 체감할 수 있을 만큼 급격하게 변화하고 있다. 서울을 기준으로 한 2008년 3월의 기온관측 내용을 살펴보면 평년에 비해 평균 기온이 높아졌다는 것을 알 수 있다. 실제로 예년에는 3월 28일에 3월 최고 기온인 14.1℃가 기록되었으나 2008년에는 3월 14일에 14.1℃가 관측되어 2주나 앞당겨졌다. 2008년 3월의 최고 기온은 19.8℃를 기록하여 평년에 비해 5.7℃나 높았는데 이는 평년 4월 말에 볼 수 있는 기온이다. 예년보다 봄이 짧아지고 더위가 일찍 찾아오면서 실질적으로 여름이 길어진 것임을 확인할 수 있다. 온난화 현상을 통한 급격한 기온 변화를 패션상품의 생산과 공급에 반영하는 것도 쉽지 않은데 이상 기후라는 변수까지 작용하면서 패션 기업들이 실제 패션상품의 수요를 예측하고 판매를 촉진하는 데 어려움이 가중되고 있다. 즉, 봄과 가을은 짧아지면서도 기온이 일정하게 상승하거나 하락하는 것이 아니라 평년과 비교하여 불규칙적으로 높거나 혹은 낮은 기온 분포를 보이고 있으며 일교차 또한 불규칙적인 변화 양상을 보이고 있다. 실제로 2007년 3월에는 서울을 비롯한 여러 지역이 중순까지 영하의 기온을 기록하였으나 여름이 빨리 찾아오면서 많은 백화점들의 봄상품 판매 실적이 감소했고, 2006년 10월에는 강릉을 비롯한 여러 지역에서 30℃ 이상의 이상 기온으로 예년에 비해 가을 상품의 판매가 크게 부진했다.

현재 패션업계의 문제는 크게 2가지로 볼 수 있다.

첫째, 온난화가 심화되고 이상 기온이 발생하는 가운데 계절 상품의 판매 시기와 세일 시기를 조절하지 못하는 것이고, 둘째는 이러한 변화를 반영하는 상품 구색과 마케팅 전략을 구사하지 못하는 것이다. 전반적으로 더워진 것은 사실이지만 그보다는 이상 기후와 불규칙한 일교차 때문에 소비자들이 봄과 가을을 실제보다 더 짧게 인식하고 있으므로 일반 소비자들은 짧은 봄과 가을에 입을 패션상품에 대한 구매를 줄이고 있다. 그러나 줄어든 구매량이 여름이나 겨울 상품의 구매에 추가로 반영되는 것은 아니기 때문에 전체적인 매출이 감소하고 있다. 게다가 8월 말이 되면 패션 기업들이 관행적으로 실시하는 세일 때문에 끝나지도 않은 여름에 여름 상품을 싸게 처분하게 된다. 마찬가지로 2월에도 많은 겨울 상품을 역시 할인하여 판매하기 때문에 결국 정가 판매율은 점점 떨어지게 되는 것이다.

게다가 낮은 정가 판매율 때문에 패션 업체들은 소비자가 구매를 주저하는 봄과 가을의 패션상품에 대해 소극적 상품 구색 전략을 채택하고, 이는 다시 소비자의 선택의 폭을 줄이게 되어 계속해서 구매와 매출이 감소하는 악순환의 구조에 빠져들고 있다. 따라서 이러한 문제를 패션 기업 중심이 아닌 소비자 중심의 시각으로 살펴보고 문제 해결을 위한 대책을 준비해야 할 것이다.

소비자의 인지와 계절 마케팅

이러한 자연 환경의 변화와 소비자의 인식 속에서 패션 기업이 체감하는 가장 큰 문제는 날씨나 기온을 비교적 정확하게 예측할 수 있는 기간보다 패션상품의 제조에서 유통, 그리고 판매에 이르는 기간이 더 길다는 것이고, 날씨의 변화는 패션상품의 마케팅 전략에 큰 영향을 주지만 통제할 수 없는 변수라는 것이다. 따라서 이렇게 통제와 예측이 갈수록 어려워지는 변수는 논외로 하고 대안적인 관점에서 실제 기온이나 날씨의 변화가 아닌 소비자의 입장에서 인지하는 계절의 변화에 초점을 맞추어 마케팅 전략을 구상하는 것은 어떨지 고민해 볼 필요가 있다.

일반적으로 소비자 행동에 영향을 주는 변수들 가운데 환경적 요인은 기업의 입장에서 거의 통제하기 어려운 변수이다. 때문에 이를 조정하고자 노력하기보다는 통제할 수 없는 변수를 정확하게 이해하고 상황에 맞는 전략을 적절하게 적용하는 전술적인 측면을 강조한다. 따라서 날씨와 계절이라는 요소를 효과적인 마케팅 전략으로 활용하기 위해서는 이를 통제할 수 있는 변수로 만들어야 한다. 즉, 실제 계절이 아닌 소비자가 지각하는 계절의 변화라면 어느 정도 통제 가능한 변수로 만들어 조절할 수 있다는 것이다.

실제로 소비자의 지각에 대한 예를 들어 보자. 소비자를 대상으로 여러 브랜드의 맥주를 블라인드 테스트(blind test) 해보면 대부분의 소비자들은 맥주 맛의 차이를 구분하지 못하지만, 이들은 여전히 여러 브랜드의 맥주가 서로 다른 맛을 가지고 있다고 믿고 있으며 실제 소비 행동은 이러한 지각과 믿음에 따라서 이루어진다. 제품의 객관적 품질과 소비자에 의해 지각된 품질이 차이를 보이는 것과 같이 실제 계절의 변화와 소비자가 인지하는 계절의 변화에는 차이가 있다. 또, 많은 소비자들이 실제 기온 및 계절에 따라 의복을 착용하지만 한편으로는 자신들이 지각하는 계절의 변화를 통해서 구체적인 소비 활동을 한다. 따라서 우리는 소비자의 인식에 영향을 주는 마케팅 전략을 통해서 완전하지는 않지만 계절을 어느 정도 통제 가능한 변수로 활용할 수 있을 것이다.

계절 변화와 패션마케팅 전략

소비자가 어떤 사물이나 현상을 실제와 다소 다르게 인식한다면 소비자가 인식하는 방식으로 접근하면서 소비자가 실제를 받아들일 수 있도록 노력해야 한다. 특히 패션상품은 여름과 겨울 상품이 더 팔린다고 해서 봄과 가을 상품이 덜 팔리는 것이 아니라 소비가 소비를 부르고 판매가 판매를 부르는 이른바 '편승효과(bandwagon effect)'가 잘 나타나는 상품이다. 그러므로 봄과 가을을 실제보다 짧게 받아들이는 소비자의 인식이 더 중요하다는 쪽에 계절 마케팅의 초점을 맞추고 전략적으로 접근해야 한다. 즉 봄과 가을이 짧아졌다고 인식하는 소비자의 눈높이에 맞추어 상품을 구색하고 마케팅 전략을 세우되 봄과 가을은 여전히 존재한다는 것을 분명히 인식할 수 있도록 만들어야 한다.

계절 마케팅을 크게 상품 전략과 촉진 전략으로 나누어 살펴보고자 한다. 먼저 상품 전략을 살펴보면, 패션상품은 본질적으로 유행을 따르는 상품이며 기존 유행의 진부화를 통해서 새로운 유행과 새로운 패션상품에 대한 수요를 창출한다. 따라서 먼저 변화하는 기온 추이에 맞게 연간 상품 공급 일정을 조절하고, 봄과 가을에는 연계된 계절의 패션상품과 코디네이션이 가능하도록 새로운 상품을 추가하여 이전 계절과 적절히 차별화된 새로운 유행을 형성할 수 있는 상품 구색을 갖추는 전략, 이른바 계절에 따른 믹스앤매치(mix & match) 전략을 적용해야 한다.

일반적으로 유행 혁신적인 소비자들은 봄 가을 패션상품들을 쉽게 채택하여 유행을 선도하고 자기 표현을 극대화하고 있다. 그러나 매스 마켓(mass market)에서 높은 구성 비중을 차지하는 일반 소비자들, 유행에 민감하지 않은 소비자들은 봄 가을 패션상품에 대하여 지불하는 비용에 비해 입을 수 있는 기간이 짧다고 생각하고 유행 상품이 주는 효용에 큰 매력을 느끼지 못한다. 이러한 이유로 봄, 가을에는 실제로 상품 채택에 어려움을 겪고 있어서 결과적으로 짧은 계절의 유행보다는 보다 긴 계절의 상품에 집중하는 실리를 택하게 된다. 그러므로 패션 마케터들은 계절에 따른 믹스앤매치 전략을 통해 소비자들에게 새로운 계절이 왔다는 것을 알릴 뿐만 아니라 매장의 상품 구색을 새롭게 갖춤으로써 판매를 용이하게 만들어야 한다. 그리고, 큰 일교차와 변화가 일정하지 않은 이상 기온 속에서 길어진 여름과 겨울에도 봄 가을 패션상품을 적절히 활용해서 기능적이고 합리적으로 착용할 수 있다는 정보를 제공하여 소비자들이 가치 중심의 구매, 합리적인 구매를 할 수 있다는 것을 인식하도록 해야 한다. 이를 위해서 실제 점포에서는 점원이 봄, 가을 상품 중심으로 계절 의상을 갖춰 입거나 매장 내에 계절 소품을 추가하는 것 등의 방법으로 계절 변화에 대한 소비자의 지각을 도와야 한다. 또한 대중의 유행 혁신 수준에서 채택하기 쉬운 계절 간의 패션상품 코디네이션-레이어드룩(layered look)을 윈도우 디스플레이, 광고 혹은 PR을 통해 제안할 필요가 있다. 또, 봄과 가을의 특정 패션 아이템에 집중하여 유행을 주도하거나 패션 소품을 활용하여 짧지만 새로운 계절에 기능적으로 적합하면서도 새로운 유행을 쉽게 따를 수 있도록 해야 한다. 특히, 유행에 대한 관심과 구매는 상관 관계가 높기 때문에 일반 대중에게 변화하는 계절을 인식하도록 만들고 유행에 대한 관심을 높여서 쉽게 유행을 채택할 수 있도록 한다면 패션상품의 매출은 자연스럽게 증가할 것이다.

한편 계절 마케팅을 촉진 전략과 연결해서 살펴보기 위해서 먼저 상대적으로 계절 변화가 뚜렷하지 않은 지역의 마케팅 전략을 확인해 볼 필요가 있다. 유럽에서는 최근 몇 년 사이에 유명 백화점들을 중심으로 발렌타인데이(Valentine's Day)를 새롭게 조명하거나 크리스마스를 앞당겨서 마케팅 기회로 활용하는 소위 '미리 크리스마스' 전략이 붐을 일으키고 있고, 기존에 거의 무시되었던 할로윈(Halloween)이 가을을 대표하는 이벤트로 자리잡고 있다. 이는 여름, 겨울과 같이 계절 변화가 분명하여 강력한 유행 변화의 동기 부여나 새로운 수요 창출을 일으키지 못하는 기간에 소비자들에게 변화를 인식시키기 위한 마케팅적인 노력의 산물이라고 볼 수 있다. 우리나라에서도 화이트데이나 빼빼로데이가 현실에서 어떤 실체를 갖지 못하고도 마케팅 전략을 통하여 청소년이나 젊은 층에게 중요한 기념일로 인식된 현재의 상황과 지나친 상술이라는 사회적 비난에도 불구하고 엄청난 매출을 불러 일으킨다는 점에서 볼 때, 소비자의 인식에 자리잡는 것이 얼마나 중요한지 새삼 깨닫게 된다.

또한 추석과 같은 명절은 거의 모든 상품 영역에서 구매에 대한 강한 동기를 부여하는 이벤트로 활용될 뿐만 아니라 패션마케팅의 입장에서 볼 때 여름에서 가을로 변하는 계절을 연상시키는 강력한 도구이므로 패션상품의 판매와 직결될 수 있다. 따라서 추석과 같이 계절 변화와 관련된 기존의 기념일이 있는 경우에는 패션상품과의 구체적 연결 고리를 개발하여 가을 상품을 판매할 수 있는 계기로 만들어야 한다. 반면, 봄에는 추석과 같이 소비자들에게 계절의 변화를 인식시키는 강력한 기념일이 없기 때문에 패션업계와 유통 업계가 공동으로 봄과 패션이 관련된 이벤트를 개발하여 소비자가 봄이라는 계절을 인식할 수 있도록 돕는 것도 패션상품의 자연스런 판매를 촉진하는 전략이 될 수 있을 것이다(예를 들어 벚꽃의 개화 시기가 전국적으로 유사해지고 있으므로 벚꽃-봄-패션을 연결하는 벚꽃축제를 전국적으로 기획하는 것도 생각해 볼 수 있다).

이처럼 '계절 변화'라는 강력한 유행과 수요 창출의 역할은 실제보다 소비자의 인식에서 형성되는 것이 더 큰 의미를 가진다. 따라서 소비자의 입장에서 이벤트나 기념일을 통해 계절 변화를 인식시키고, 실제 계절에 기능적으로 적합하면서 유행이라는 요소를 따라갈 수 있도록 믹스앤매치의 상품 구색을 제시하는 것은 '계절이 바뀌면 옷을 구매한다' 라는 소비자의 의식을 자극할 뿐만 아니라 유행에 더욱 쉽게 동참하여 지속적인 구매를 향상시킬 수 있는 방법이 될 수 있다. 또한 한여름의 모자나 부츠 패션과 같이 계절에 대한 고정관념을 깨트리는 역계절 마케팅(reverse season marketing)도 소비자에게 계절과 패션의 관계를 상기시킬 뿐만 아니라 매출에서도 긍정적 효과를 나타내고 있다. 온라인 쇼핑몰이나 아울렛(outlet)을 중심으로 한겨울에 수영복을, 한여름에 코트를 파는 전략도 재고를 소진하면서 소비자에게 색다른 즐거움을 준다는 측면에서 계절을 활용하는 부가적인 마케팅 전략으로 참고할 수 있을 것이다.

유통 채널 간의 갈등과 해결 방안

2007년 F/W 시즌에 새롭게 런칭한 브랜드 티아니(Tiani)는 톡톡 튀는 유행 스타일을 다양한 패션 소품과 함께 자연스럽게 제시하고 계절이 바뀔 때마다 적절하게 코디해서 입을 수 있는 상품 구색을 제공하면서 20대 젊은이들에게 사랑받는 브랜드로 떠올랐다. 폭발적인 판매와 함께 티아니는 채 1년도 되지 않아서 주요 백화점을 포함하여 서울과 수도권의 핵심 상권에 30여 개의 직영점을 갖추게 되었고 수도권 외곽 지역과 지방 대도시에 60개가 넘는 대리점을 확보하였다. 또한 2007년 말부터 운영한 온라인 쇼핑몰의 매출이 매달 두 자리수 이상의 성장을 기록하며 불과 반 년만에 몇 개 대리점 이상의 판매를 올리게 되었고 2008년 7월에는 지방 중소도시의 핵심 상권에 50여 개의 매장을 가진 A대형마트와 입점 계약을 체결해서 마침내 전국적인 브랜드로 손색이 없는 유통망을 갖추게 되어 추가적인 매출 확대는 물론 캐주얼웨어 부분에서 매출 1위도 내다볼 수 있게 되었다. 그런데 이렇게 잘 나가던 티아니에 문제가 생겼다. 6개의 핵심 매출 점포가 속해 있는 B백화점이 티아니와 A대형마트 간의 계약에 불만을 표시하면서 A대형마트와의 계약을 취소하든지 아니면 자신의 백화점에서 나가 줄 것을 요구하였고, B백화점과 마찰이 시작되면서 다른 백화점들도 공동의 움직임을 보였다. 한편 새롭게 입점한 A대형마트의 C지점 인근에 위치한 D대리점은 매출이 급격하게 줄어들자 티아니 본사에 크게 불만을 토로하였다. 구경하고 입어본 후에 구매는 온라인에서 하고, 교환이나 반품은 자신의 매장에서 하는 소비자들이 늘어났기 때문이다. 지방의 몇몇 대리점들은 공동으로 티아니의 온라인 판매를 중지하거나 온라인 구매 상품에 대해서 교환 및 반품을 중지해 달라고 요청하였다. 설상가상으로 이러한 문제들이 언론에 보도되면서 한참 매출이 늘어나던 티아니의 성장세는 주춤하게 되었고 대리점 계약 문의도 뚝 끊어졌다. 티아니는 어떤 문제에 봉착했고 앞으로 어떻게 문제를 해결해야 할 것인가?

상기한 티아니는 가상의 패션 브랜드다. 백화점과 노면점(직영점과 대리점)으로 비교적 단순한 유통 경로를 가진 기존 패션 브랜드들이 대형마트, 온라인 쇼핑몰(홈쇼핑, 인터넷쇼핑몰), 멀티샵(multi-shop) 등의 새로운 유통 업태(format)를 접하면서 겪을 수 있는 상황을 설정해 보았다. 이러한 유통 업태 간의 대립 문제가 가시화될 날이 멀지 않았고 일부에서는 벌써 발생하고 있기 때문이다. 최근 Big3 백화점이 수도권에서 지방으로의 진출을 본격화하고, 400개가 넘는 대형마트와 같은 새로운 유통 업태가 수많은 패션 브랜드를 입점시키면서 전국적으로 지역 상권에 급격한 변화를 주고 있어, 동일한 브랜드의 여러 유통 채널들이 상호 간에 갈등을 일으키고 있다. 또한 2008년 현재 많은 패션 브랜드들의 온라인 판매 규모가 증가하고 있고, 일부 브랜드에서는 매출 규모가 커진 대리점에 대해서 대리점 계약을 해지하고 직영점을 진출시키는 사례도 늘어나고 있다. 결과적으로 한 브랜드의 여러 유통 채널 가운데 기존 채널에는 불안 요인이 증가하고 있고 새로운 채널에는 기회 요인이 증가함에 따라 유통 채널 간에 잠재적인 갈등 양상이 고조되고 있다.

이처럼 유통 경로의 각 구성원(개별적 유통 채널)들이 각각의 상이한 목표를 추구하는 과정에서 발생하는 갈등을 채널 갈등(channel conflict)이라고 한다. 마케터들이 이러한 채널 갈등을 사전에 조율하거나 채널 간의 관계를 적절히 관리하지 못한다면 정상적으로 다수의 유통망을 유지하기 어렵고, 결국 해당 브랜드의 유통 관리에서 발생하는 문제는 매출의 문제로 이어지게 된다. 여기서는 변화하는 유통 환경에 따라서 일어날 수 있는 채널 갈등의 유형과 내용을 알아보고 전통적인 채널 갈등의 극복 방안을 응용한 새로운 대처 방안을 모색해 보고자 한다.

전통적인 채널 갈등과 문제 해결

패션 브랜드에 있어서 채널 갈등은 그 자체로 결코 새로운 개념이 아니며 이전부터 존재해 왔다. 그러나 다만 오늘날 다유통 체제로 전환하는 과정에서 좀 더 두드러진 형태로 발생하는 필연적인 문제라고 할 수 있다. 즉, 기존에는 지역적 구분에 따른 점포 간의 단순한 영업 영역 분쟁의 문제로 시작하여 점포 간의 통합이나 대체의 문제로 발전하면서 유통 채널 간의 갈등이 심화되었다면, 현재는 기존의 유통 채널 갈등 내용에 업태 간의 문제가 추가되었다. 즉, 점포 간의 통합이나 대체가 아닌 병존의 관계가 요구되기 때문에 보다 복잡한 형태의 채널 갈등으로 진화되었다고 할 수 있다.

예를 들어, 전통적인 채널 갈등은 회사의 전략에 따라 직영점이 진출하면서 기존의 대리점이 문을 닫거나, 새로운 도로나 철로의 개설, 지역 상권의 통합 등과 같은 상호 물리적 접근성의 확대에 따라 인근 직영점이나 대리점이 통폐합되는 등의 상황에서 발생했다. 물론 백화점이 생기는 지역에서는 직영점이 사라지기도 했으나 대부분 백화점 내부로 이동했고, 백화점 수도 많지 않아 이러한 이동이 크게 문제되지 않았다.

무엇보다도 기존의 갈등은 유통 채널 간의 관계가 둘 중 하나는 사라져야 하는 상호대체적 관계에 있기 때문에 갈등의 수준이 심각하기는 했으나 궁극적으로 상호 합의에 도달할 수 밖에 없었고, 일단 합의하게 되면 향후에 발생하는 문제는 거의 없었다. 또한 현실적으로 직영점 간의 채널 갈등은 회사 정책을 통해 해결할 수 있고, 직영점과 대리점의 갈등에서는 직영점이 대리점보다 우선권을 갖는 것이 보편적이다. 대리점 간의 갈등에서도 매출, 규모, 투자 등의 객관적인 자료를 통해 비교하여 선별하는 것이 가능하기 때문에 경로 구성원 간의 대표 기구를 통한 조정이나 중재 또는 내부의 합의로 해결이 가능하다(물론 경로 구성원 전체의 공동 목표 인식과 지속적 교육을 통한 갈등의 예방도 가능하다). 다시 말해서 유통 채널 간의 분명한 힘의 차이를 통해 비교적 쉽게 갈등이 해결된다고 볼 수 있다. 또한 계약을 통해서 이들의 관계가 성립하기 때문에 최후의 갈등 해결 방법인 법적 수단에 대해 보다 분명하게 처리할 수 있다.

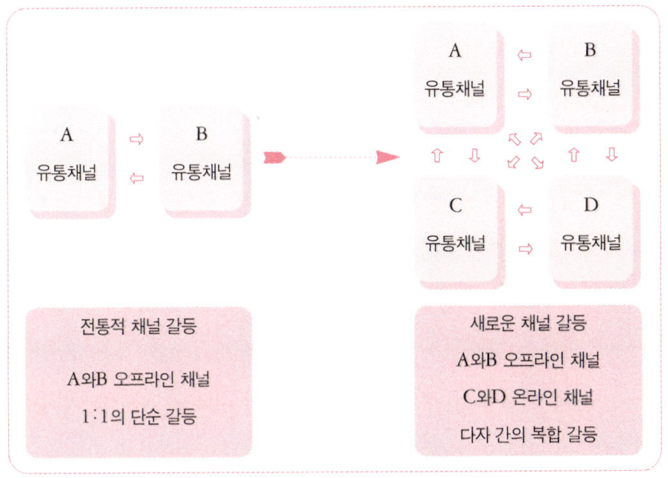

새로운 채널 갈등의 유형과 새로운 문제

전통적 채널 갈등과는 달리 새로운 업태 간의 갈등, 즉 온라인 쇼핑몰과 오프라인 점포 간의 경쟁이나 온라인 쇼핑몰 간의 채널 갈등은 이보다 복잡한 성격을 가진다. 물론 새로운 업태 간의 갈등은 영업 지역의 문제가 아닌 거대 유통 브랜드 간의 관계에서 오는 갈등이라는 측면에서 차이가 있고 적게는 몇 개에서 많게는 수십 개 점포의 유통 채널이 변동하기 때문에 단순한 점포의 통합이나 대체와는 차원이 다르다. 하지만 결과적으로 계약과 선택을 통해서 해결할 수 있다는 측면에서는 전통적 채널 갈등과 궁극적으로 유사한 해결 방안 경로를 가진다.

그러나 온라인이라는 유통 경로를 포함한 유통 채널 간의 갈등은 질적으로 다르다. 이들 유통 채널 간의 경쟁은 대체적인 관계가 아니라 동일 시점에서 공존의 관계 혹은 병존의 관계에 있기 때문이다. 오늘날과 같은 다유통 채널의 시대에서 이미 온라인으로 진출한 오프라인 브랜드가 단시일 내에 온·오프라인 가운데 하나의 유통 경로만을 선택할 수는 없으므로 전통적인 채널 갈등 해소 방법으로는 해결할 수 없다. 오프라인 점포와 온라인 점포는 같은 브랜드를 가지고 각각의 영업 활동을 통해 같은 시점 혹은 같은 영업 지역에서 매출을 올리는 일종의 경쟁적 관계로 볼 수 있다. 따라서 이 가운데 상대적으로 한정된 시간의 영업 영역을 가진 기존 오프라인 점포들이 시간의 제한을 받지 않는 온라인 쇼핑몰에 대해서 판매량이 많거나 적거나 경쟁의식을 가질 수 밖에 없고, 전체 매출에서 새로운 유통 수단인 온라인 판매의 비중이 늘어날수록 이러한 문제는 심화된다. 한편 온라인 점포 간의 관계를 살펴보면, 보통 특정 브랜드가 온라인에 진출할 때 초기에는 투자 비용의 문제로 여러 온라인 쇼핑몰에 자사 브랜드를 위탁하여 판매하고 나중에 자사 쇼핑몰을 갖추는 경우가 많은데 해당 브랜드에 대해서 이들 온라인 쇼핑몰들 간에 유통 주도권 문제가 발생할 수도 있다. 만약 자사 쇼핑몰을 갖추지 않는 경우에는 온라인 유통에 대한 대외 의존도가 커지는 문제가 생길 수도 있다. 이는 결국 온라인 쇼핑몰에서 수수료 분쟁이나 동일한 상품에 대한 가격 차이의 문제를 일으키게 되어 동일한 시점에서 패션상품에 대해서는 아직 일물일가(一物一價)에 익숙한 소비자들에게 혼란을 불러 일으킬 뿐만 아니라 유통 채널 간의 갈등은 지속적으로 확대된다. 따라서 온라인과 오프라인을 넘어선 다채널 간의 갈등 양상으로 나타난 새로운 유통 채널 갈등 유형에 적합한 채널 갈등 해결 방안을 살펴볼 필요가 있다.

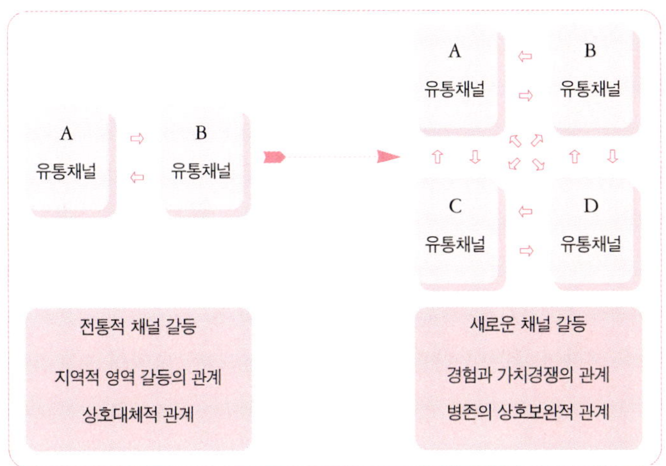

새로운 채널 갈등에 대한 대처 방안

전통적인 채널 갈등의 해소 방안들이 새로운 채널 갈등에 대해서 전혀 효과가 없는 것은 아니며, 내부적인 합의와 중재에 의한 갈등 해소는 여전히 채널 갈등의 효과적인 해결 방안이 될 수 있다. 그러나 새로운 채널 갈등은 기존에 비해 복잡한 형태로 구성되어 단계적인 접근이 필요하다. 그리고 유통 채널 간의 관계를 보다 긍정적이고 발전적으로 이해하여 상품 및 가격과 같은 실질적인 측면에서 대처하는 것이 중요하다. 즉, 넓게는 갈등의 소지가 있는 유통 채널 간의 동반자적 관계를 중심으로 접근해야 하며 좁게는 상품이나 가격에서 유통 채널 간의 전략적 차별화를 유도해야 한다는 것이다.

먼저 온라인과 오프라인이 병존하는 관계에서 경로 구성원들이 서로에 대하여 대립과 반목의 관계가 아닌 공동의 목표를 위한 상호보완적 관계라는 것을 공감하여야 하고 실질적인 운영 정책에서 이러한 관계를 뒷받침해야 한다. 예를 들어, 대리점에 공급하지 않는 일부 스타일이나 회수한 재고 상품에 대해서는 대리점이 양보하여 온라인에서 제한적인 상품 구색을 통해 판매를 실시할 수 있도록 해야 한다. 그리고 주문은 온라인으로 하고 상품은 지역 대리점을 통해 가져가는 서비스, 혹은 지역 대리점에서 주문하고 본사에서 소비자에게 직배송하는 서비스와 같이 온라인과 오프라인이 연동하여 소비자와 경로 구성원을 동시에 만족시켜서 궁극적으로 매출도 증가시키는 방안을 찾아야 한다. 또한 온라인 매출을 분석하여 온라인 주문이 많은 지역에 대해서는 해당 지역의 오프라인 매장이 온라인 매출에 기여하는 점을 인정하고 인센티브를 부분적으로 적용하여 온라인 판매가 오프라인의 매출을 빼앗는 것이 아니라 온라인의 매출 확대가 모두에게 도움이 된다는 것을 이해시켜야 한다. 한편, 온라인에서의 매출은 해당 브랜드나 스타일에 대한 광고 효과를 가지기 때문에 오프라인에서 더 많은 구매를 촉진할 수 있다는 점에서 온라인 점포 활성화에 대해 오프라인 매장에 동의를 구하고 온라인에서 발생하는 이익의 일정 부분은 다른 유통 경로의 발전을 위한 기금으로 활용해야 한다. 즉, 온라인이 결코 기존 매출을 나누어 먹는 카니발리즘(Cannibalism)의 관계를 형성하는 것이 아니며 전체의 매출 확대에 기여한다는 것을 모든 경로 구성원이 받아들일 수 있도록 해야 한다.

온라인과 오프라인의 유통 채널이 서로를 인정하고 공동의 목표를 향해 공존할 만반의 준비가 되었다면, 실제 상품 구성의 측면에서 차별화를 강화하여 상호보완성을 높이는 것도 필요하다. 예를 들어, 하나의 대형 브랜드를 두고 유통 채널별로 취급할 수 있는 별도의 전용 브랜드나 스타일을 개발하는 것도 브랜드 및 상품 차별화를 통한 하나의 갈등 완화 방안이 될 수 있다. 한편 유통의 힘이 점점 강해지는 지금의 시점에서 특히 다양한 온라인 채널을 통해서 동일한 상품에 대한 여러가지 가격이 존재하는 것을 현실적으로 제약하기는 어렵다. 그러므로 유통 채널에 따라서 혹은 같은 유통 채널에서도 단순히 상이한 가격 경쟁의 구도를 유지시키는 것은 지양해야 한다. 대신 온라인에서도 사이트 구성, 마케팅 전략 등의 차이를 통해서 소비자가 온라인에서 상품만을 구매하는 것이 아니라 특정한 온라인 채널에서의 정보 탐색과 구매 행동을 통해 차별화를 경험한다는 것을 느낄 수 있도록 만드는 것이 필요하다. 소비자 자신이 경험한 온라인 채널에 대해 각각 다른 수준의 가치를 부여하게 되면, 이는 단순한 온라인 쇼핑몰 간 가격 차이를 따지는 문제가 아닌 경험과 가치를 비교하는 보다 발전된 형태의 경쟁 구도가 될 수 있다.

새로운 채널 갈등을 유형화하여 갈등 내용을 살펴보고 개략적인 대처 방안을 살펴보았다. 보다 구체적으로 적용 가능한 대안을 개발하기 위해서는 브랜드의 포트폴리오 수준, 브랜드 파워, 브랜드의 유통 현황 등에 따라서 구체적인 갈등 양상에 대한 개별적 전략을 추출할 필요가 있다. 이것이 채널 갈등을 예방하고, 채널 갈등을 관리하여 완화시켜야 할 마케터의 임무라고 할 수 있다. 그러나 어떠한 구체적 전략을 개발하여 적용하더라도 먼저 유통 채널 간의 관계를 상호대체적이 아닌 상호보완적인 관계로 이해하고, 유통 채널의 경쟁을 단순한 지역적 시간적 영역이나 가격의 경쟁이 아닌 경험과 가치를 통한 선의의 경쟁으로 유도하는 방향으로 나아가야 한다는 것은 반드시 기억해야 할 것이다.

위탁 제도와 사입 제도의 함정과 실제

한국 의류 시장 규모의 변화 추이와 의류 시장 성장률은 전년에 이어 2008년에도 낙관적이지는 않다. 기관에 따라 3~4% 정도의 성장률을 예상하고 있으나 이는 2008년 한국의 예상 경제 성장률과 큰 차이가 없는 수준이며, 유가 상승이나 물가 상승을 고려하면 보다 불안정한 성장 전망이라고 할 수 있다. 그러나 새로운 시즌에는 여전히 새로운 브랜드들이 시장에 출현하여 20조 안팎의 의류 시장에서 기존의 브랜드들과 경쟁을 앞두고 있다. 새로운 브랜드가 매출을 일으키고 시장에서 생존하는 데 필요한 중요 변수 가운데 하나가 앞서 살펴본 바와 같은 유통 관리의 문제다. 특히 다수의 유통 채널을 통해서 어떻게 일정 규모 이상의 효과적인 유통망을 확보하고 효율적으로 운영할 수 있는가 하는 점이 유통 관리의 핵심이라고 할 수 있다.

패션 브랜드들은 유통 관리의 체계를 구축하는데 있어서 2가지 형태를 두고 고민한다.

첫째, 비용은 많이 소요되지만 본사나 백화점을 중심으로 브랜드 이미지를 향상시키는 동시에 외형적인 성장보다는 내실을 기하면서 보다 안정적인 직영점의 형태를 가져가는 방법이다. 둘째, 자본금의 부담이 적으면서도 빠른 시일 내에 전국적인 유통망을 늘릴 수 있는 대리점 체제를 가져가는 방법이다. 고가의 유명 브랜드라면 직영점 위주의 점진적 유통망 확대 방법을 선호할 것이고, 2가지 방법을 병행하는 브랜드도 있을 수 있다. 그러나 일반적으로 자산 규모가 크지 않은 패션 브랜드의 입장에서는 인지도의 확보와 물량 공급의 안정을 위해서 브랜드 운영에 대한 부담에도 불구하고 대리점 중심의 유통망을 운영하고자 할 것이다. 이렇게 유통망의 우선적 확보를 위해 대리점 체제를 선택한다면 그 다음으로는 본사가 재고를 부담하면서 상품 공급과 회수에 대한 독점적 권한을 가지는 위탁판매 제도를 채택할 것인가 혹은 대리점이 재고를 부담하면서 원하는 상품을 요구할 수 있는 것과 같이 상품 공급에 대해 부분적 권한을 행사할 수 있는 완사입 제도를 채택할 것인가를 고민해야 한다. 그렇다면 소비자들은 신경도 쓰지 않는 이러한 문제를 패션 브랜드는 왜 고민해야 할까? 브랜드 주도권의 문제 혹은 유통 관리의 문제일까? 아니면 판매나 재고 관리의 문제일까?

먼저 역사적인 측면에서 위탁 제도와 사입 제도를 살펴볼 필요가 있다. 국내 패션 시장은 경제 성장이 본격화되고 기성복 시장이 활성화되는 80년대를 중심으로 급성장하였고 90년대에는 외환 위기 이전까지 많은 브랜드에서 '생산=판매' 라는 등식이 성립할 정도로 엄청나게 매출이 늘어났고, 패션 브랜드의 숫자도 많아졌다. 이때에는 패션 브랜드 간의 경쟁이 시작되면서 전국적인 유통망을 선점하고 보다 쉽게 대리점을 개설하고자 하였다. 많은 브랜드에게 재고가 크게 문제되지 않는 상황이었기 때문에 대리점 입장에서 당장 사입을 위한 목돈이 필요하지 않고 판매를 통해 물품 대금을 지불할 수 있는 위탁 제도를 선택하였다. 그러나 1997년 외환 위기 이후 전반적으로 경기가 침체된 상황에서도 여전히 많은 국내 브랜드가 위탁판매 제도의 대리점 체제를 구축하고 있다. 그러나 이전과 비교할 때 패션 브랜드가 아닌 대부분의 대리점주가 재고 부담을 덜고자 위탁판매 제도를 선호한다는 측면에서 차이가 있다. 물론 패션 기업의 효율성이나 공격적인 기획 능력 확대 등을 위해 사입제로 이행을 촉구하는 움직임이 있었으나, 패션 브랜드는 많고 효율성 높은 대리점은 적은 상황에서 대리점이 재고를 부담하는 방향으로 이행하는 것은 한계가 있었다. 한편, 해외 유명 브랜드가 대리점 계약을 하는 경우에는 가능하면 사입 제도를 채택하고자 하며, 제화 업계와 같이 몇몇 브랜드가 시장에서 지배적인 역할을 하는 경우에는 강력한 브랜드 파워에 기초한 사입제를 통해서 대리점을 관리하고 있다. 그러나 대리점에서 위탁 제도를 선호하는 요인이 재고 관리의 문제로 변화하고 일부 브랜드에서는 브랜드 파워를 이용하여 사입 제도를 추진하는 현재의 상황에서 브랜드를 막론하고 이렇듯 현실적인 상황을 따르는 순간 패션 브랜드와 그 대리점은 자신들이 파놓은 유통 관리의 제도적인 함정에 빠지게 된다. 여기서는 위탁판매 제도와 사입 제도의 제도적인 문제점에 대해서 살펴보고 이를 보완하여 브랜드와 대리점이 공존하여 나아갈 수 있는 방법을 모색해 보고자 한다.

● 국내 의류시장 규모추이 및 시장 성장률

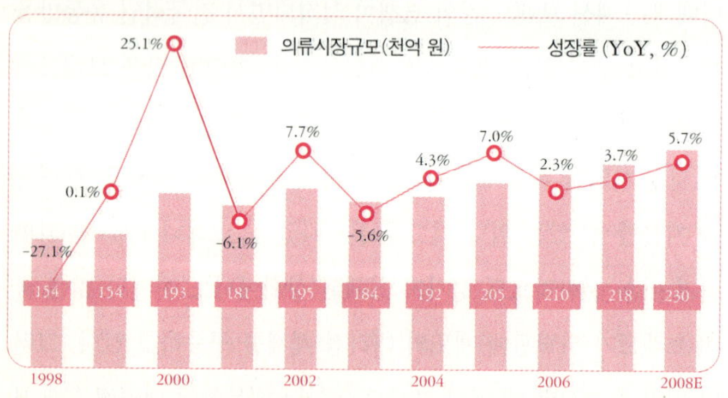

출처 | 대신증권, 추정은 하나금융경영연구소

위탁판매 제도의 허와 실

일반적으로 위탁판매 제도는 상품의 제조를 담당하는 제조업체 (브랜드)의 기획과 생산을 통해 만들어진 상품을 위탁 매장(대리점)에서 판매한 후에 남은 재고에 대해 책임지는 제도를 말한다. 통상적으로 위탁 매장이 재고 부담을 지지 않기 때문에 위탁 매장 측에 절대적으로 유리한 조건이라고 생각할 수 있으나 항상 대리점이 이익을 보는 것은 아니다. 점포를 운영하는 데 있어서 매 시즌별로 재고를 처리하는 것도 중요한 문제지만 관리 비용의 증가를 고려할 때 장기적인 입장에서 수익을 창출해 나갈 수 있는지 여부가 더욱 중요하기 때문이다. 그리고 위탁 매장의 경우에는 상품을 많이 판매하면 할수록 판매에 대한 수수료로 수익을 올릴 수 있기 때문에 재고 관리의 측면보다는 주로 판매 관리에 몰두하게 되고, 브랜드는 시즌 종료 후에 전체 대리점에서 발생한 재고 처리 문제를 늘 고민해야 하기 때문에 결국 브랜드와 대리점이 서로 다른 마케팅 관리에 초점을 두는 심각한 문제에 직면하게 된다. 보통 매출이 떨어지면 재고가 늘고, 매출이 증가하게 되면 재고가 감소한다고 생각할 수 있으나, 매출의 증대를 위해서는 판매 기회를 늘려야 하므로 결국 각 점포는 시즌 동안 보다 많은 재고를 유지해야 한다. 그러나 매출이 증가하면 시즌 종료 후에 전체 재고가 함께 증가하는 경우가 많기 때문에 판매율이 재고율보다 얼마나 증가하는지 여부가 중요하다. 또한 상품 재고량이 늘어날수록 브랜드는 재고 관리의 부담뿐만 아니라 재고로 인한 자금 관리 문제에 봉착할 수 있으므로, 효율적인 재고 관리를 위해서 생산량을 조절하고 물류 시스템의 효율화를 꾀하는 동시에 현실적으로는 매장당 위탁 물량을 줄여야 할 필요가 있다. 반대로 이러한 변화는 위탁 매장의 입장에서 볼 때, 절대 재고량의 감소를 의미하므로 효율적인 재고 보충 시스템이 갖추어지지 않을 때에는 판매 기회를 상실하게 되고, 자연스럽게 매출이 감소하게 된다.

이러한 전반적 매출 감소는 브랜드의 적극적인 비즈니스 활동을 어렵게 만들고 위탁 매장의 운영에도 부정적인 영향을 주어 결국 브랜드와 위탁 매장 간에 상품과 비용에서 비롯된 악순환이 이어지게 된다. 동일한 상품을 관리하면서도 생산(브랜드)과 판매(대리점)의 입장이 서로 다른 경우에는 이러한 문제가 발생할 수 있고 결과적으로 양측 모두 원하는 수익과 관계를 창출하기 어렵기 때문에 위탁판매 제도는 위탁 매장에만 전적으로 유리한 제도가 아니라고 볼 수 있다. 또한 브랜드는 위탁 물량에 대한 절대적 권한을 가지고 있고, 절대 수량이 아닌 비율에 따라 상품을 점포별로 배분할 경우에는 생산량도 융통성 있게 조절할 수 있기 때문에 브랜드 운영에서 높은 효율성을 가질 수 있다는 장점이 있다.

완사입 제도의 허와 실

상품에 대한 판매와 재고 관리의 책임은 계약을 맺은 점포(대리점)에 있으며, 해당 브랜드는 상품 기획과 생산에만 전념하는 것이 완사입 제도다. 즉 브랜드가 아니라 점포가 미판매분에 대한 재고 부담을 가지게 되는 것이다. 보통 브랜드가 재고 부담을 가지지 않기 때문에 브랜드에게 일방적으로 유리한 조건이라고 생각할 수 있으나, 개별 점포보다 장기적인 관점에서 시장을 바라보고 브랜드를 운영해야 하는 입장에서 생각해 볼 필요가 있다. 물론 원칙적으로 반품이 존재하지 않기 때문에 대리점에 대한 출고가 곧 판매이며, 재고 부담 없는 즉각적인 브랜드의 매출로 이어진다는 측면에서 브랜드가 우선적으로 이익을 보는 것은 사실이다. 그러나 사입 제도를 통해 대리점을 운영하는 경우, 시즌 종료 후에 대리점 재고가 증가하면 대리점은 운영 자금의 압박을 느끼게 되고 다음 시즌에서 사입하는 상품의 양을 줄일 수 밖에 없게 되어 브랜드의 입장에서는 실제 소비자의 구매 여부와 관계 없이 전체 공급 물량을 줄여야만 한다. 즉 브랜드는 공격적인 비즈니스를 할 수 없을 뿐더러 점포에 판매된 상품은 해당 점포의 소유이므로 상품 관리나 재고 처분에도 능동적으로 관여하기가 어렵게 된다. 사입 대리점에서는 새로운 시즌에도 재고 물량을 세일 등을 통해서 계속 소진해야 하기 때문에 브랜드가 장기적으로 구축하고자 하는 호의적 브랜드 자산과 같은 중요한 브랜드 관리에서 문제가 발생할 수 있다는 것이다. 또한 일부 점포의 상품 관리의 문제가 브랜드 관리에 영향을 끼쳐 브랜드 이미지가 훼손 혹은 약화된다면 전체 대리점들의 판매 관리에도 부정적 영향을 줄 수 있다.

또한 다음 시즌의 사입 물량에 영향을 주어 궁극적으로 브랜드의 체계적 관리가 어려워지고 브랜드 운영 자체가 힘들어질 수 있다. 한편, 대리점 입장에서는 수주 방식을 통해서 다소 위험 부담을 가지긴 하나, 판매하고자 하는 상품에 대해 안정적인 수량을 사전에 확보할 수 있고 다양한 상품 구색을 통해 점포를 차별화할 수 있다는 장점도 있다.

결과적으로 완사입 제도에서도 브랜드와 대리점의 관계는 브랜드의 이점이 다른 쪽에 도움이 되지 않고, 브랜드의 어려움은 대리점에게, 대리점의 어려움은 브랜드에게 부정적인 영향을 준다는 점에서 양쪽 모두 원하는 수익을 창출하기 어렵다. 따라서 완사입 제도 역시 브랜드에만 전적으로 유리한 제도는 아니라고 볼 수 있다.

● 위탁판매와 완사입 제도의 비교

	내용/구분	위탁판매 제도	완사입 제도
특징	가격결정	브랜드	브랜드
	재고책임	브랜드	대리점
	수익원천	매출액에 대한 수수료	사입액 대비 매출액
장점	브랜드	일관된 브랜드 이미지 관리	상품 개발에 집중
	대리점	상품 매입의 위험이나 재고 부담이 없음	상품 관리에 대한 기술 축적 상품 구색으로 점포 차별화
단점	브랜드	상품 개발과 함께 판매 부담 재고 부담	브랜드 이미지의 일관성 유지 어려움
	대리점	상품 관리의 종속성 상품 구색의 어려움	상품 선택과 매입의 어려움 재고 부담

제도를 넘어 관계 중심으로

이러한 제도의 문제점이 노출되자, 위탁사입 제도라고 하여 위탁판매 제도와 사입 제도를 절충하여 대리점이 제품을 인도받을 때 모든 대금을 결제하고 반품이 생기게 되면 매입 금액에서 공제하는 방안이 제시되기도 하였다. 그러나, 결제와 반품에서 수량과 시기 문제가 발생하면서 브랜드와 대리점이 자신에게 드러나는 단점만을 지적하게 되었고, 결국 상호 간에 발생하는 위탁·사입의 본질적인 문제를 해결하지는 못했다. 따라서 제도적인 측면으로 단번에 브랜드와 대리점의 상황을 정리하기보다는 먼저 관계의 측면에서 제도에 대해 단계적으로 접근해 볼 필요가 있다. 지금의 상황과 같이 경기가 침체되고 어느 정도 성숙기에 접어든 패션산업의 단계에서, 브랜드와 대리점은 재고 부담에 대해서 공동으로 책임지고 매출 확대를 통한 이익 창출에 매진할 수 있는 파트너십 관계를 구축하는 것이 무엇보다 필요하다. 기존의 고정된 방식을 뒤

집는 방향에서의 접근이 아니라 유연한 사고를 통한 점진적 변화를 기초로 하여 보다 밀접한 관계를 먼저 형성할 필요가 있다.

예를 들어 대리점이 수주의 형태를 통해서 선주문의 사입 방식에 동의하여 브랜드가 안정적인 물량 운영을 할 수 있도록 도와준다면, 브랜드는 이러한 주문이 좀더 원활하게 이루어질 수 있도록 대리점의 바잉 능력을 향상시킬 수 있는 각종 교육과 지원을 아끼지 말아야 한다. 또한 사입시에 대리점이 고민하는 재고 문제와 관련해서도 본사가 상설할인 매장이나 아울렛 입점 등을 통해서 매시즌 미리 처리할 수 있는 재고 수준을 설정하고 제한된 기간, 수량, 금액 등을 통해 대리점 소유의 재고를 일정 부분 해소시킨다면 각 대리점별로 효과적인 재고 관리 방안을 모색해 나갈 수 있을 것이다. 즉, 동반자적 관계를 구축할 수 있도록 신뢰에 기반한 계약을 통해 서로가 인정할 수 있는 제도적인 변화를 실행할 수 있을 것이다.

또한 이러한 관계가 형성된 후에 제도적인 측면에서 접근할 때에는 자신이 유리할 것이라고 믿는 하나의 제도를 고집하거나 제도를 무리하게 통합할 것이 아니라 제도를 분할하여 브랜드나 대리점이 처한 상황에 맞게, 상품 특성이나 마케팅 전략에 따라서 탄력적으로 운영할 필요가 있다. 예를 들어 점포별로 전체 물량에서 사입할 물량의 퍼센트를 합의하여 부분적인 사입 제도를 운영하고 사입에 따라 브랜드가 얻는 수익의 일부를 대리점의 마진율에서 보전해 줄 수도 있다. 또한 사입을 했다고 해서 완전히 반품을 금하는 것이 아니라 사입한 상품의 반품에 대해서는 역시 브랜드가 입는 손해의 일부를 대리점의 반품 금액에서 공제할 수도 있다. 위탁판매의 경우도 일정 수준 이상의 반품을 하지 않도록 합의하고 실질적으로 그러한 반품이 되지 않도록 브랜드와 대리점이 바잉과 판매에서 공동의 협력 관계를 구축해 나간다면 제도적인 측면에서도 윈윈 할 수 있을 것이다. 그동안의 시행착오를 통해서 각각의 제도가 완벽하지 않고, 대리점의 바잉 능력이나 본사의 재고 처리 능력이 단번에 나아질 수는 없다는 것은 잘 알려진 사실이다. 따라서 이러한 부분을 인정하고 현실에서 효율성있게 개선할 수 있는 방법에 대해 고민하는 것이 중요하다.

이러한 관점에서 본다면 상대방을 고려해서 사입할 물량의 퍼센트를 늘려가거나, 반품을 받아만 주는 것이 능사가 아니고 해당 시즌의 경기나 상품 스타일의 특성(일반적으로 베이직 스타일을 주로 사입하고, 트렌디 상품은 위탁 비중을 늘린다거나 혹은 해당 매장의 스타일 자료를 분석하여 판매가 높은 스타일을 중심으로 사입 비중을 높임)에 따라서 브랜드와 대리점이 공동의 수익을 창출할 수 있는 적정한 퍼센트를 찾아서 합의하는 것이 현실적인 의미를 가질 것이다. 브랜드와 대리점은 서로에게 무언가 얻어내기 위해서 마주보는 관계가 아니라 장기적인 수익 창출이라는 한 방향을 바라보는 동반자적 관계라는 것을 잊어서는 안 된다.

● 브랜드-대리점의 제도적 관계 변화

특정한 제도의 선택	합의된 방식을 통한 제도의 활용
브랜드와 대리점의 입장 차이 심화	브랜드와 대리점의 입장 차이 완화
고정된 판매 마진율	탄력적 판매 마진율
고정된 반품 비율과 반품 금액	탄력적 반품 비율과 반품 금액
계약을 통한 상호 의무 요구	상호 합의를 통한 규칙 준수
기존의 브랜드-대리점 관계	새로운 브랜드-대리점 관계

패션상품의 번들링을 통한 차별화 전략

마케팅 환경에서 판매 혹은 구매의 도구로 활용되는 인터넷을 통해 기업과 소비자가 상품과 브랜드에 대한 다양한 정보를 실시간으로 상호 교류하는 것이 가능해진 이래로, 기업 간의 경쟁은 보다 치열한 양상으로 접어들었다. 소비자를 향한 기업 간의 판매 경쟁은 가격이라는 부분에서 정점을 이루었고, 인터넷은 상대적으로 상품에 대한 정보, 특히 가격에 대한 정보가 부족했던 소비자에게 큰 도움을 줘 가격비교 사이트도 등장하게 되었다.

따라서 소비자들은 거의 유사하거나 같은 상품들을 손쉽게 비교하고 보다 낮은 가격에 보다 높은 가치를 제공하는 상품을 선택하여 구매할 수 있게 되었다. 그러나 기업의 입장에서는 많은 업체들이 점차 가격 경쟁으로 내몰리게 되어 일정 수준 이상의 수익을 올리기가 어렵게 되었다. 특히 완제품을 구매하여 소비자에게 재판매하는 유통업체의 경우 원가 절감이나 부가 가치 창출이 힘들어져서 기존 상품을 단순한 가격 비교에서 벗어나 효율적으로 판매할 방법을 지속적으로 개발해야 하는 상황에 이르렀다. 한편 패션상품에서도 다품종 소량 생산이 활성화되면서 적은 물량의 다양한 상품들을 출시하는 것이 가능해졌다. 패션상품의 생산과 수명 주기는 일반적으로 짧은 편에 속하고 이러한 품목들은 소비자에게 지속적으로 새롭게 인식되어 기존의 주력 상품과는 차별화된 가치를 제공할 수 있으므로 새롭게 등장하는 신상품을 그 자체로 새로운 전략적 도구로 활용할 수 있는지 여부를 모색해 볼 수 있다.

변화하는 패션 시장 환경에서 일물일가에 익숙한 소비자들에게 특정 패션상품을 여러 장소에서 다양한 가격에 판매할 수 있도록 돕고, 단순히 동일한 혹은 유사한 패션상품에 대한 가격 경쟁에서 벗어나 판매의 효율성을 높일 수 있는 대안적 전략 가운데 하나가 상품 전략과 가격 전략이 합쳐진 번들링(bundling), 이른바 결합 상품 전략이라고 할 수 있다. 여기서는 먼저 번들링의 개념을 살펴보고, 번들링을 통한 가격 차별화 전략을 유형화하여 패션상품의 번들링을 통한 마케팅적 시사점을 도출하고자 한다.

번들링의 개념

외형에서 나타나는 번들링은 묶어팔기, 끼워팔기와 유사한 형태로 기존에도 여러 상품 영역에서 존재해 왔다. 그러나 2000년대 이후 통신사들이 제공하는 서비스가 유무선으로 다양화되어 이러한 서비스를 묶음으로 판매하면서 번들링이 본격적으로 각광받기 시작했다. 소비자들은 보다 낮은 가격에 해당 서비스들을 이용할 수 있고, 기업은 안정적으로 고객을 확보할 수 있게 되자 사전 기획에 따른 전략의 개념으로 등장한 것이다. 서비스 영역에서 상품 영역으로 확장하여 번들링의 개념을 살펴보면, 단순한 재고 처리나 일시적인 판촉의 차원이 아니라 전략적 기획을 통하여 상품이나 서비스를 개별적으로 팔지 않고 여러 단위를 하나로 묶어 판매하는 방법을 말한다. 전략적으로 특정한 기존 상품의 품질을 더 좋게 혹은 덜 좋게 만든 후에 그에 따라 가격을 차별화하는 전략이 아니라 이미 만들어진 개별 상품의 집적을 통해서, 상품의 단위 규모를 변화시켜서 그에 따라 적절한 가격을 부여하는 전략이라고 할 수 있다.

가장 흔한 번들링 방법으로는 기존에 단품으로 판매하던 상품을 3종 혹은 5종과 같이 묶어 통합된 한 단위의 상품으로 만들고, 각각 단품으로 구입할 때보다 가격 측면에서 혜택을 부과하는 것이다. 예를 들어, 인터넷 서비스와 케이블 TV 서비스를 합친 번들링의 형태를 통해 보다 합리적인 가격으로 소비자에게 두 가지 서비스를 동시에 제공하는 것이나, 인터넷 사업을 소유한 통신회사가 유선전화의 요금과 무선전화의 요금을 통합하여 징수하고자 하는 요금 서비스 번들링 등이 대표적인 서비스 번들링이다. 패션 회사의 경우 여러 장의 셔츠와 타이를 할인된 가격의 세트로 판매하는 것이나 식품 회사가 독립적으로 판매하던 여러 종류의 음료수를 1+1 혹은 1+2의 형태로 판매하는 것이 일반적인 상품 번들링이라고 할 수 있다.

이처럼 기업의 입장에서는 다양한 상품이나 서비스의 조합으로 동일한 상품을 가지고 새로운 상품을 만들어서 소비자들이 새롭게 인식할 수 있게 하고, 어떤 소비자들에게는 기존에 존재했으나 사용해 보지 않았던 상품을 접해 볼 수 있게 하여 새로운 수요 창출과 매출 신장을 이룰 수 있다. 그리고 이러한 과정에서 기업은 다양한 상품과 서비스를 동시에 제공하면서 제시된 상품과 서비스가 서로 상승효과를 일으켜 소비자들에게 보다 크게 상품과 서비스의 효용을 인식시킬 수 있다는 이점도 얻을 수 있다. 소비자

● 판매 차별화를 통한 번들링의 유형

	순수 번들링	혼합 번들링	중간 번들링
구성	개별적으로 판매하지 않는 상품을 묶어서 판매	개별적으로 판매하는 상품을 묶어서 판매	개별적 · 비개별적 판매상품을 묶어서 판매
특징	기획상품으로 활용 기존 상품과 차별화	묶음을 통한 가격 혜택 제공 재고 소진에 용이	신상품의 안정적인 소개 가치 제공의 방식

의 입장에서는 우선 단품으로 각각 구입하는 것보다 비용의 측면에서 이익을 볼 수 있으며, 아울러 저가에 새로운 상품과 선호하는 기존 상품을 이용할 수 있는 기회를 얻는다는 측면에서 역시 가치 있는 소비를 할 수 있다. 그러므로 상품과 서비스가 잘 조합된 번들링 전략은 소비자와 기업을 동시에 만족시킨다.

순수 번들링과 혼합 번들링

순수 번들링은 독립적인 상품들로 구성되었으나 오직 묶음으로 이루어진 단위 상품으로만 판매하고 개별적으로는 판매하지 않는 전략을 말하고, 혼합 번들링은 독립적인 상품으로도 판매하면서 묶음으로도 판매하는 이중 전략을 의미한다. 예를 들어 어떤 브랜드에서 새로운 스타일의 청바지를 출시했을 때, 독립적인 상품으로는 판매하지 않고 2종 이상으로 묶어서만 판매한다면 이는 순수 번들링에 해당한다. 홈쇼핑을 통해서 유명 브랜드들이 패션상품을 판매할 때 많이 사용하는 전략으로 단품으로 판매하기에는 생산 규모나 판매에서 수익이 낮고, 오프라인 매장에서 판매하는 상품들에 대한 구매 기회를 빼앗을 수 있기 때문에 이와 같은 순수 번들링 전략을 통해 오프라인과는 다른 수요를 창출한다.

또한 단품으로 판매 효과가 떨어지거나 새로운 수요를 찾을 필요가 있을 때, 기존에 단품으로 판매하던 상품들을 2종 이상 모아서 판매한다면 이는 혼합 번들링에 해당한다고 할 수 있다. 시즌 종료와 재고 수량을 고려하여 상품의 효율적인 재고 소진을 위해서 기존 판매상품을 1+1의 방식으로 판매하거나, 정장, 셔츠, 타이와 같이 관련성 높은 상품을 묶어서 판매하는 경우가 혼합 번들링에 해당한다. 그러나 종합적인 계획 없이 단순한 묶음을 통해 가격을 할인하면 시즌 내 독립 상품으로서의 판매 기회를 상실하거나 목표한 재고 소진을 이루지 못해 소비자의 불신을 초래할 수 있으므로 혼합 번들링을 계획할 때 유의해야 한다.

순수 번들링과 혼합 번들링의 중간에 해당하는 방식으로 독립적으로 판매하는 상품과 그렇지 않은 상품으로 묶음상품을 구성하는 중간 번들링이라는 전략이 있다. 이는 향후 독립적인 상품으로 판매하기 위해 신상품을 소개하고 반응을 살펴보는 간접적인 방법으로 시도하거나, 브랜드 이미지에 대한 소비자의 평가를 의식하여 기존 상품을 가격 할인 위주가 아닌 확대된 가치 제공의 방식으로 처리하고자 할 때 효과적으로 활용할 수 있다.

동종 번들링과 이종 번들링

번들링 구성 상품의 독립적인 판매 여부에 따라서 순수 번들링과 혼합 번들링, 그리고 중간 번들링으로 나눌 수 있다면, 동종 번들링과 이종 번들링은 구성 상품의 범주에 따라서 구분한다. 즉 같은 범주에 속하는 상품들을 묶음으로 구성하는 것을 동종 번들링이라 하고, 다른 범주에 속하는 상품을 1개 이상 포함하는 경우를 이종 번들링이라고 한다. 이러한 구분은 같은 상품 범주에는 속하지만 서로 다른 역할을 해야 하는 상품이 많은 패션상품에서 필요하고 또한 효과적으로 활용할 수 있다.

예를 들어, 셔츠와 같은 상품들은 기능적으로는 비슷하지만 정장과 조합하여 착용하는 경우에는 개별적인 상품 역할에서 차이가 있기 때문에 소비자들은 자신의 이미지와 유사하면서도 다양한 상품들을 원하게 된다. 따라서 기업 입장에서는 많은 스타일을 내놓아야 하고 이에 따라 일정 수준 이상의 재고를 유지할 수 밖에 없다. 그 결과 기획을 통해 단품으로 소진하지 못하거나 더 많은 판매를 촉진해야 하는 경우 여러 상품들에 대해 개별 상품 스타일의 이미지, 품질, 유행성 등을 종합적으로 고려하여 묶음의 형태로 판매하는 것이 필요하다. 일반적으로 소비자의 구매 빈도가 높고, 상품 구색의 다양성이 강점이 되는 상품 범주에 속하는 패션상품들이 동종 번들링에 적합하다.

이종 번들링은 2개 상품 범주 이상으로 구성된 상품들의 묶음을 말하며, 청바지와 티셔츠, 정장과 셔츠, 셔츠와 타이와 같은 묶음의 경우가 있다. 이종 번들링의 경우에는 이종 상품 간의 보완성이 높거나 같이 착용하는 경우에 상품들을 묶어서 소비자가 지각하는 상품 가치를 높이는 것이 필요하다(기존에 양말이나 속옷 등과 같은 상품군에서는 소비자들이 실용성을 중요시하여 단일성을 통한 번들링이 주류를 이루었으나, 최근 길이나 컬러에 따라 차별화된 양말 세트를 내놓거나 속옷에서도 다양한 스타일을 제시하면서 동시에 슬립이나 가운과 같은 부가 상품을 포함시켜 점차 이종 번들링의 형태로 변화하고 있다). 향후 완전히 다른 상품 범주의 번들링도 생각할 수 있으나 이는 공동 마케팅(co-marketing)의 입장에서 볼 때, 상품구성보다는 브랜드 중심의 시각에서 우선적으로 접근할 필요가 있다.

● 상품 차별화를 통한 번들링의 유형

	동종 번들링	이종 번들링
구성	같은 종류의 상품을 묶어서 판매	다른 종류의 상품을 묶어서 판매
특징	동종 상품 내의 스타일 차별화 중요	이종 상품 간의 상호보완성이 중요

번들링 전략의 다각적 활용

번들링 전략은 목표 소비자들에게 제시한 상품 가치의 합산을 통해서 가치 인식의 개인 편차를 줄여주고 더 큰 가치를 인식시킨다는 원칙에서 출발한다. 따라서 재고 수량에 따라 구성이 달라지는 기존의 끼워팔기나 단순히 재고를 소진시키기 위한 1+1 행사와는 다르다. 즉 각각 개별적 상품의 가치가 존재해야 하고, 가치가 합쳐질 때 더욱 큰 가치로 소비자에게 인식되는 전략이며(1+1 〉2로 나타나는 전략), 보통 인터넷 쇼핑몰에서 중가의 셔츠를 구매하면 최저가의 타이를 끼워주는 이벤트성의 촉진 전략과도 구분해야 한다.

또한 개별적 상품의 가치를 서로 다른 방향에서 인식할수록, 그 가치 인식 차이가 클수록 번들링 전략은 효과적이라고 할 수 있다. 예를 들어 여러 벌의 티셔츠와 같이 하나의 상품 범주에 속하는 상품이라도 목표 소비자의 성향에 맞게 특정 유행 수준을 중심으로 하여 베이직 스타일에서 트렌디 스타일까지 폭넓게 구성하는 것이 목표 소비자들에게 다양한 가치를 제공할 수 있어 보다 효과적이다. 그리고 구체적인 상품 구성에서는 기능적 가치, 쾌락적 가치와 같이 서로 다른 가치를 제공하는 주력 상품을 하나의 번들링 안에 제공하여 번들링에 대한 소비자의 기대를 충족시킬 수 있도록 한다. 또, 각각 상품의 스타일은 유사하더라도 섬유 조성이 다른 상품을 선택하여 다양한 상품을 소비자들이 접할 수 있게 하고 소비자가 단순히 개별 상품의 가격의 합으로 번들링을 평가하지 않으며 종합된 상품군으로 번들링을 평가하도록 하는 것이 필요하다.

번들링에 대한 이러한 사고를 확장한다면, 편집 매장이나 여러 브랜드를 소유한 기업에서는, 서로 다른 브랜드 상품으로 동종이나 이종 상품을 구성하여 스타일의 유행성 수준에 따른 가치 인식 차이뿐만 아니라 브랜드 수준에 따른 가치 인식 차이를 통해 소비자에게 소구하는 것도 하나의 방법이 될 수 있다. 이는 새로운 브랜드를 소개하는 위험이나 기존 브랜드의 상품에서 약점을 보완하는 역할로 활용할 수 있다. 또한 상황에 따라서는 브랜드나 상품의 경계를 넘어서 특정 상품과 관련 높은 서비스를 연계하여 상품-서비스 번들링 전략도 추구할 수 있을 것이다.

번들링 전략은 기존에 개발된 상품이나 서비스를 중심으로 이루어지기 때문에 신상품 개발을 위한 연구비나 투자 비용이 필요하지 않다. 이미 알려진 상품이나 서비스의 경우에는 그 자체를 광고하기 위한 비용도 들지 않기 때문에 다른 어떤 마케팅 전략보다 마케터의 능력이 요구되는 전략이라고 할 수 있다. '수많은 상품 가운데 어떤 상품을, 어느 만큼의 묶음을 통해서 얼마나 큰 가치를, 가격에 비해 보다 높은 효용성을 소비자에게 전달할 것인가' 라는 것이 번들링의 핵심이다. 마케터는 묶음을 구성하는 구체적 상품 혹은 서비스의 가치 인식 차이가 묶음의 차별화를 가져오며 이를 통해 다른 경쟁 브랜드와의 단순한 가격 비교에서 벗어날 수 있다는 것을 기억해야 한다. 따라서 각각의 상품들이 조합되었을 때 가치 수준을 판단하여 소비자에게 소구할 수 있는 묶음 상품을 개발하는 방법을 모색해야 할 것이다.

패션상품의 재고 관리에 관한 재인식

지난 2006년에 F/W 매출을 예측한 결과, A패션회사는 자사의 대표 브랜드가 약 20년 만에 해당 분야에서 처음으로 매출 1위에 오르게 되어 그 브랜드뿐만 아니라 회사 전체의 분위기가 한껏 고무되었다고 한다. 그러나 정작 시즌을 마감하고 전국의 대리점과 직영점에서 미판매 분량을 회수하자 예년에 비해 엄청나게 늘어난 재고량 때문에 실제 매출 이익은 감소하였고 아울렛을 통한 재고 처분으로 시즌 내내 어려움을 겪었으며 결국 2007년에는 경쟁 브랜드에 다시 매출 1위 자리를 내주게 되었다. 매출 확대를 위해 공격적으로 재고물량을 확보하고 다양한 마케팅 전략을 펼친 결과, 상대적인 판매에서는 다른 브랜드들을 앞질렀으나 결과적으로 많은 재고 부담을 지게 되었고 그 여파가 다음 시즌까지 이어졌으며 한순간의 매출 1위라는 타이틀은 상처뿐인 영광이 되고 말았다.

일반적으로 재고라고 하면 판매를 위해서 창고에 비축된 상품의 물량을 말하는데, 상황에 따라서는 일정한 기간 내에 판매가 이루어지지 않아 다음 시즌으로 이월되는 상품을 의미하기도 한다. 이렇게 동일하게 창고에 비축된 일정 물량의 상품을 바라보는 시각을 나누는 기준은 무엇일까? 다름 아닌 상품의 판매 기회라고 할 수 있다. 따라서 창고 안의 상품은 어느 정도 판매가 예상되거나 판매를 위한 시간적 여유가 있는 상품, 그리고 이미 많은 판매 기회를 상실했으며 향후에도 판매 기회를 얻기 어렵다고 판단되는 상품으로 나눌 수 있다. 이 가운데 후자가 기업에게 많은 어려움을 주는 부정적 의미의 재고가 된다. 따라서 이러한 재고를 효과적으로 관리하는 것은 비용 절감이나 인력 활용의 측면에서 중요하다. 그리고 최종적으로 기업의 이익이나 브랜드 이미지 형성에 영향을 줄 뿐만 아니라 다른 상품을 생산하고 유통하는 과정에도 직간접적으로 개입하여 영향력을 행사하게 된다.

여기서는 판매 시점을 기준으로 하여 재고의 개념을 각각 나누어 생각하고자 한다. 재고 관리의 문제를 구조적으로 살피고 개별적으로 접근하여 단순히 팔리지 못한 상품의 처리가 아닌, 기획과 생산 그리고 유통의 과정에서 종합적인 재고 관리의 과정과 결과를 확인하여 마케팅 전략으로 삼고자 함이다.

판매 이전 단계에서의 재고 관리

일반적으로 패션상품의 생산에서 판매까지 이르는 총체적인 과정을 이야기할 때, 흔히 QRS(Quick Response System)와 같이 먼저 소비자의 반응을 통해 잘 팔릴 수 있는 상품을 확인하고 제품 생산에 필요한 리드타임을 줄여서 소비자에게 공급하거나, SCM(Supply Chain Management)과 같이 최초 원자재의 수급을 포함한 상품의 생산 단계부터 최후 소비자에게 제공되는 단계까지 모든 관련 요인들을 유기적으로 조합하는 관리 체계를 언급하는 경우가 많다. 이와 같은 개념들을 학계와 실제 패션산업에서 많이 연구하고 실행하고 있으나 현실적으로 이러한 내용들을 이론처럼 명확하게 적용하기는 쉽지 않으며, 단순히 전체 과정에 관련된 업체 간의 관계 강화만을 강조하는 것이 지금 패션산업의 현황이자 문제점이라고 할 수 있다. 한편으로 오히려 이렇게 반응생산을 위해 기획생산을 줄이다 보니 제품 단가가 상승하고 기본적인 물량 공급이 원활하지 못하게 되거나 특정 시점에 상품 생산과 유통 단계에서 과부하가 걸리는 문제가 발생하기도 한다. 또 다운스트림(down stream)에서 업스트림(up stream)까지 관련된 많은 회사들이 상호 시스템을 조율하고 통합하는 과정에서 합의가 쉽지 않고 결과적으로 아무런 소득도 없이 많은 시간과 비용이 소모되는 경우도 많다.

제품 생산에 필요한 리드타임이 점차 감소하면서 기업에 있어서 생산과 공급의 시기와 수량을 조절하는 능력이 중요해졌으나 현재의 기술 수준으로는 결국 많은 패션 회사들이 공통적으로 겪는 단기간 내 생산의 과부하 문제를 해결하지 못한다. 따라서 이러한 문제를 해결하기 위해서는 다시금 본질적인 수요 예측의 문제로 회귀할 수 밖에 없게 된다. 패션상품의 생산 시기와 소비 시기가 상당 부분 다르다는 것은 생산의 시점에서 소비의 수량을 예측해야 한다는 것을 의미하고, 정교하고 구체적인 예측은 결과적으로 관리해야 하는 재고를 줄일 수 있기 때문에 무엇보다도 중요하다고 할 수 있다.

많은 패션 회사들이 실시하고 있는 기존 베이직-트렌디 상품의 분류를 통해서 베이직 제품은 기획생산 비중을 높이고, 트렌디 상품은 반응생산을 높이는 것만이 아니라 예를 들어 상품의 감성과 같은 상품 분류 기준을 추가하는 등, 스타일의 유행성 정도로 구분된 물량에 대해 좀더 세분화하여 접근할 필요가 있다. 따라서 트렌디 상품에서 스타일, 사이즈, 색상 등의 SKU(Stock Keeping Unit) 분류를 통해서 물량을 결정하는 것에서 벗어나 트렌디 상품을 다시 상품 감성에 따라 몇 가지로 세분하고 SKU를 적용하는 것이다. 만약 자사의 특정한 감성을 가진 트렌디 상품에서 매시즌 일관성 있는 판매 패턴을 예측할 수 있다면 해당 상품군에 대해서는 반응생산이 아닌 기획생산을 통해 좀더 공격적인 판매 전략을 시도할 수 있을 것이다. 또한 특정한 감성을 가진 트렌디 상품들이 매시즌 높은 재고율을 보인다면 해당 감성의 상품 디자인을 변경하거나 물량을 줄여 재고를 효과적으로 관리할 수 있는 방법을 찾을 수 있을 것이다. 물론 베이직 상품에서도 이를 적용하여 특정한 감성을 가진 베이직 상품이 과거부터 판매가 원활했고 향후에도 일정 기간 이상 판매가 원활할 것으로 확신할 수 있다면, 현재 수준보다 좀더 규모를 확장한 수준에서 원부자재를 미리 대량으로 구입하고 제조 단가가 더 낮은 곳으로 아웃소싱하는 등의 방법으로 제조 원가를 낮추어 재고량을 늘릴 뿐만 아니라 가격 경쟁력도 갖출 수 있다. 또한 매출이 줄어들거나 판매가 원활하지 않은 상품 감성을 가진 베이직 상품의 경우에는 베이직 상품으로 분류되었다고 하더라도 무턱대고 재고 수준을 전년의 수준에서 관리할 것이 아니라 전체 물량의 차원에서 예측되는 판매 비율에 맞게 사전에 조절해야 한다.

● 상품 분류에 따른 생산 – 재고 관리의 변화

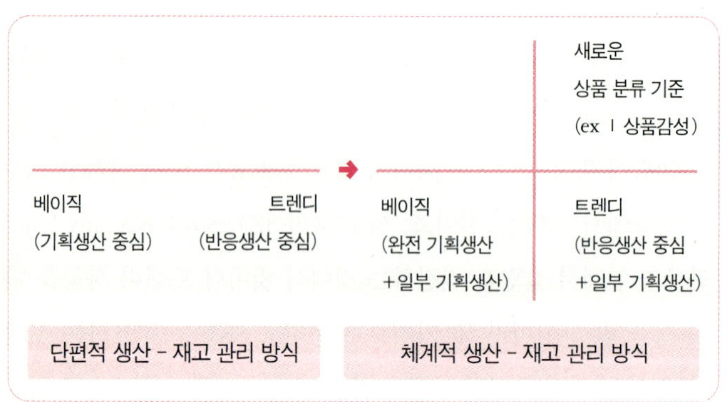

판매 이후 단계에서의 재고 관리

패션상품의 경우 상품의 특성상 유행 주기가 점점 짧아지면서 다양해지고, 소비자 취향도 빠르게 변화하고 있으며 계절이나 경쟁 브랜드의 활동과 같은 상황 변수들이 점점 큰 영향을 준다. 그래서 새로운 상품 분류 기준을 추가하여 접근하더라도 여전히 기

획생산이나 반응생산에서 수요 예측의 정확성이 떨어지는 상품들
이 존재한다. 따라서 전체 판매 수량의 예측과 더불어 재고 관리가
가능한 수량을 파악하여 판매 관리와 재고 관리라는 양방향적 접
근을 시도한다면 보다 효율적인 생산과 재고 관리가 가능해질 수
있다.

즉 브랜드 이미지나 현금 유동성 확보 등과 같이 재고와 관련된
여러 문제에 부정적 영향을 미치지 않는 범위에서 극대화할 수 있
는 자사의 재고 처리 능력을 보다 명확하게 평가할 필요가 있다.

일반적으로 재고 처리를 위해 패션 브랜드들은 동일한 점포에서
시즌세일, 정기세일, 특별세일 등의 방법을 이용하기도 하고, 점포
를 이동하여 상설할인 매장에서 2차, 3차 가격할인을 통하여 판매
하기도 하며 심지어 다른 업체에 넘겨 이른바 땡처리를 시도하기
도 한다. 그러나 이러한 일련의 과정은 체계적이지 못하기 때문에
어디서 얼마 만큼의 재고가 처리될 수 있는지, 얼마 만큼의 재고를
언제까지 어느 단계에서 처리해야 보다 회사에 이익이 되는지 등
에 대한 정보를 갖지 못한다. 따라서 이러한 모든 과정에서 먼저
단계별로 처리 가능한 재고 수준을 살펴보고 각 수준에서 처리할
수 있는 최소한의 재고 물량과 최대한의 재고 물량을 확인할 필요
가 있다. 그리고 단계별 재고 처리 능력 외에 브랜드 자산에 영향
을 줄 수 있는 브랜드 이미지 등의 요소들과 종합하여 전체 물량에
대비해서 효과적으로 관리가 가능한 재고 물량 비율과 절대 수량
을 설정한다(예를 들어, 지금은 특별세일로 동일한 점포에서 많은
재고를 처리할 수 있다고 하더라도 중장기적으로 브랜드 자산에
영향을 줄 수 있으므로 특별세일에서 재고 처리 수준을 낮추고 아
울렛과 같은 다른 재고 처리 단계에 안정적으로 물량을 돌리는 것

이 오히려 도움이 될 수 있다). 이러한 방법을 통해서 최초 기획 시점이나 추가 발주 시점에서는 예측되는 재고 물량이 각 단계별로 관리 가능한 수준을 넘지 않도록 조절할 수 있다.

결과적으로 시즌 판매가 종결되어 어느 정도의 재고가 남더라도 회사가 처리할 수 있는 재고 관리 범위 안에 들어가기 때문에 재고 관리가 그 자체로 문제되지 않을 것이다.

재고 관리와 연결하여 생각할 문제

판매 이전에 베이직-트렌디 외의 새로운 상품 분류 기준을 통해 재고 수준을 세분화하여 접근하고자 한다면, 추가적으로 관리 가능한 재고 수량을 확인하고 판매 이후에 예상되는 재고를 관리할 수 있는 수준으로 유지하는 것이 결국 효율적 관리라고 할 수 있다. 즉, 상품의 판매 전후에 상품 분류를 통해서 정교하게 판매 수요를 예측하거나 재고 처리를 효과적으로 할 수 있도록 확인하고 조절하는 것이 재고 관리의 중요한 기법이다. 그러나 정작 판매 과정을 통해서는 관리할 재고를 조금 더 줄여주는 것이 더욱 좋은 방법일 뿐만 아니라 회사의 수익 창출과 브랜드 이미지 관리에도 기여하는 방법이 될 수 있을 것이다. 따라서 소매점에 효율적인 상품 배분과 소매점 간 상품 이동을 원활하게 할 수 있는 관리 체계를 구축하는 것과 우수한 판매 인력을 유치하고 지속적인 교육으로 육성하는 것 역시 중요하다고 할 수 있다.

관리 시스템에 대한 투자와 인력 양성에 대한 지원을 균형적으로 유지할 필요가 있으며, 판매 사원들의 사기 진작을 위한 다양한 인센티브 시스템을 갖추는 것 역시 중요하다. 또한 아직 패션업계에서는 일반적이지 않은 사입 제도를 기존의 위탁판매 제도와 어떻게 효과적으로 조화시켜 정착시킬 것인가 하는 문제는 효율적인 수요 예측 및 재고 관리와 관련하여 무척 중요한 문제다. 때문에 자사의 유통 형태에 맞는 적절한 제도를 만들어 내거나 선택적으로 혼합하여 운영할 필요가 있고, 장기적인 관점을 가지고 개선과 유지의 입장에서 관리해 나갈 필요가 있다.

특히 사입 제도가 일정 비율로 채택된 경우라고 하더라도 해당 소매점들의 재고 수준에 대한 관심은 가장 중요한 관리 사항에 속한다는 것을 기억해야 한다. 소매점들이 운영하는 패션 아이템에 따라 차이가 있으나 재고 회전율과 관계 없이 존재하는 악성 재고의 처리 문제나 높은 수준의 재고가 다음 시즌의 신상품 구비에 부담으로 작용하는지 여부, 낮은 수준의 재고가 판매 기회의 상실과 얼마나 연결되는지 여부를 살펴보고 점검하는 것도 회사의 입장에서는 전반적인 재고 관리의 중요 사항이라고 할 수 있다. 또한 전략적으로 지역의 대리점들에게 공동의 재고창고 운영을 제안한다든지, 모든 상품에 대한 것이 아니라 아이템별로 차별화하여 다양한 반품 정책 등을 실시하는 것 역시 효율적인 재고 관리를 위해 필요한 전략이라고 할 수 있다.

마지막으로 재고 관리는 단지 판매 후에 남은 상품들을 효율적으로 처분하는 행위가 아니라 전반적인 상품 전략에서 수요 예측과 공급 및 판매 관리에 관련된 총체적인 과정으로 인식하는 것이 무엇보다 중요하다. 그리고 판매 증대가 이윤 창출의 씨를 뿌리는 과정이라면 효과적인 재고 관리가 결국 이윤 창출을 수확하는 과정이라는 것을 절대 잊어서는 안 될 것이다.

브랜드 개성 추구와 유행 반영의 전략적 선택

패스트 패션(fast fashion)의 열풍으로 유행의 교체 주기가 빨라지면서 소비자들 사이에서 한편으로 유행 스타일이라는 부분이 브랜드 이미지 측면보다 중요하게 인식되고 있다. 그 결과 많은 중저가 브랜드 혹은 인터넷 쇼핑몰이나 오픈 마켓의 브랜드들은 대부분 최신 유행 스타일 중심의 상품 구색을 갖추고 있으며, 심지어 고유한 브랜드 이미지를 가진 명품 브랜드들조차 예전에 비해서 유행을 보다 직접적으로 반영하고 있다. 물론 특정한 사회의 많은 구성원들이 특정한 스타일을 한정된 시기에서 채택할 때 우리는 이를 유행이라고 부른다. 그러나 많은 브랜드들이 브랜드 고유의 특성을 자유롭게 표현하거나 브랜드가 가진 특성에 유행을 적절하게 수용하는 것이 아니라 특정한 유행 스타일만을 과도하게 추구하는 것은 본질적으로 차별화를 추구하는 패션 브랜드 간의 몰개성화를 불러오게 된다. 따라서 한 사회 내에서 유행의 다양성이나 유행의 확산이라는 측면에서 볼 때, 지나치게 유행 중심적으로 사회가 변화하는 것은 역설적으로 유행이 유행하기에 적합하지 않다. 결국 이러한 유행 현상의 결과는 소비자가 선택할 수 있는 스타일의 폭을 좁게 만들 뿐 아니라 거의 유사한 유행 스타일을 가진 브랜드들 간의 가격 경쟁을 유도하게 되는 문제를 일으킨다.

따라서 유행 스타일을 상품 구색의 일부분으로 유지하거나 빠른 유행의 창조와 수용을 통한 차별화를 시도하는 것도 중요하지만 이러한 시점일수록 오히려 본래의 브랜드 이미지를 유지하거나 재강화하는 전략이 요구된다. 이러한 전략이야말로 단순한 가격 경쟁을 탈피하고 타 브랜드와 차별화를 이루어 장기적이고 안정적인 수익 창출을 이루는 방법 가운데 하나가 될 수 있기 때문이다. 이렇게 브랜드 이미지를 사람의 성격이나 개성 같은 변수로 파악하여 해당 브랜드의 독특하고 지속적인 특성으로 보는 것을 브랜드 개성(Brand Personality)라고 한다. 여기서는 브랜드 개성 및 유행의 전략적 선택과 집중을 위해서 브랜드 정형성과 브랜드 수명에 따라 브랜드를 유형화하고 각각의 유형에 따른 적절한 패션마케팅 전략을 살펴보고자 한다.

브랜드 개성과 유행에 따른 차별화

소비자들이 특정 브랜드의 고유한 정체성을 인식하거나 확고한 이미지를 지각하는 것은 해당 브랜드의 자산이 어느 정도 형성되어 있어서 그 브랜드를 가치 있게 평가한다는 것을 말한다. 이를 브랜드의 관점에서 생각해 보면 해당 브랜드의 개성이 다른 브랜드들과 차별화된 특성을 가지고 있다는 것이고, 소비자의 입장에서 볼 때는 특정한 브랜드가 소비자 자신을 상징적으로 표현하는 기능을 수행하고 있다는 것이다.

일반적으로 브랜드 개성은 브랜드를 통해서 연상하는 사용자 이미지, 브랜드 모델이나 슬로건과 같은 브랜드 커뮤니케이션 요소, 브랜드 네임, 로고, 유통 채널 등 특정 브랜드와 관계된 모든 것에 의해서 종합적으로 형성된다고 할 수 있다. 그러나 소비자들이 스타일, 맞음새, 가격 등의 단서를 통해서 얻는 브랜드에 대한 전반적인 지각은 브랜드 개성 외에 유행이라는 외부 요소에 의해서도 동시에 영향을 받는다. 다시 말해서 브랜드 내부에서 창출된 브랜드 개성과 해당 패션상품에 구현된 동시대의 유행이 조화되는 정도와 완성된 브랜드 수준에 따라서 각각의 브랜드들은 소비자에게 다른 브랜드에 대한 고유의 구별력을 제공하고 차별화된 수준에 따라 시장에서 경쟁력을 갖게 된다.

　브랜드 개성에 대한 추구와 유행 추구는 브랜드가 선택하여 추구하는 전략적 요소로 볼 수 있다. 그러나 아래 그림에서 A브랜드 같이 브랜드 개성에 의한 차별화가 높은 브랜드의 경우에는 지금처럼 유행이 패션상품 선택에 강하게 작용하는 시기에는 일부 유행 요소를 해당 브랜드가 가진 개성에 맞게 적용하여 시장 점유율(Market Share)을 높이거나 브랜드 성장을 추구할 필요가 있다. 반면, B브랜드 같이 첨단 유행의 전략적 선택을 통해서 차별화를 시도해 온 경우에는 더욱 유행을 추구하여 기존 이미지를 강화할 수도 있다. 하지만 모두가 추구하는 전략은 어느 누구의 전략도 될 수 없다. 오히려 점점 소비자들에게 유행 추구를 통해 소구하는 것이 어려워지기 때문에 해당 브랜드에 적합한 개성을 찾아 이를 유행과 접목하는 형태로 장기적인 브랜드 육성을 시도해야 한다.

● 브랜드 개성과 유행에 따른 차별화

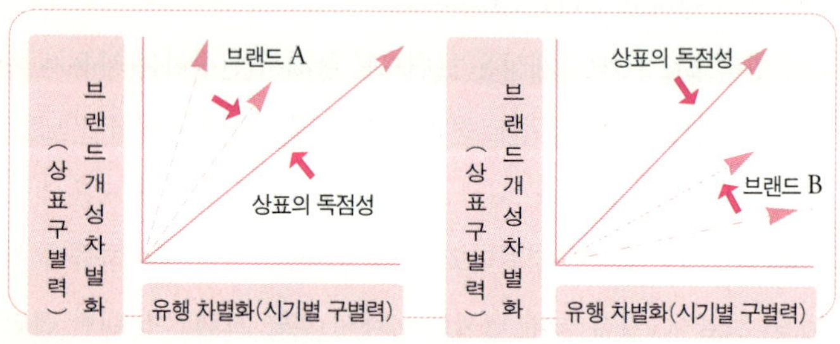

출처 ㅣ 이은영, 『「패션마케팅』 p.206 의 표를 활용함

브랜드 수명과 브랜드 정형성

　브랜드가 고유한 개성을 추구할 것인가 아니면 유행을 추구할

것인가는 기업의 전략적 선택이라고 할 수 있다. 그러나 이들을 상호보완적으로 활용할 필요가 있으므로 보다 세분화된 전략을 만들기 위해서는 브랜드에 대한 기업과 소비자의 인식에 따라 브랜드들을 유형화하여 접근할 필요가 있다. 특히 새로운 브랜드를 런칭하거나 기존 브랜드가 자신의 포지셔닝을 변경 혹은 강화하고자 할 때 반드시 생각해 봐야 한다.

먼저 기업의 측면에서 브랜드를 얼마나 오래 보유할 것인가를 생각해야 하는데 특히 패션산업과 같이 브랜드가 유행에 따라서 쉽게 만들어지고 사라지는 경우에 더욱 그러하다. 따라서 새로운 브랜드가 특정한 유행을 겨냥한 경우와 기존 브랜드가 브랜드의 수명 주기가 다해가거나 단기간의 수익 창출을 위한 브랜드 재포지셔닝의 경우에는 유행 특성을 적극 반영한 차별화에 집중해야 한다. 반대의 경우에는 어떠한 브랜드 개성을 어떻게 추구해야 할 것인가에 많은 시간과 노력을 투자하여 강력하고 호의적이며 독특한 브랜드 이미지를 쌓아나가야 한다.

소비자 측면에서 살펴보면 브랜드들은 소비자의 인식 속에서 특정한 이미지로 구체화되거나 다양한 이미지로 받아들여질 수 있다. 소비자들이 특정 브랜드를 형용사로 표현했을 때, 소비자들이 한정적이고 유사한 형용사들을 통해서 브랜드를 인식한다면 정형화된 이미지를 가졌다고 볼 수 있다. 따라서 해당 이미지와 브랜드의 내부 평가를 조율하여 해당 이미지를 중심으로 브랜드를 강화하는 방향을 설정해야 할 것이다. 반대로 소비자들이 다양한 형용사를 나열하여 비교적 넓은 범위에서 자유롭게 인식하는 브랜드의 경우에는 특정한 이미지에 제한되지 않으므로 동시대의 유행을 적극적으로 수용하는 전략을 추구하는 편이 용이하다. 물론 상황에 따라서 기업이 원하는 이미지로 특정화하여 브랜드 개성을 만들어갈 수 있으나 그에 따른 투자 비용이나 위험 부담을 감수해야 한다.

표와 같이, 기업과 소비자의 측면에서 브랜드의 수명과 정형성 여부를 통하여 브랜드를 유형화할 수 있다. 4개의 브랜드 유형에 따라서 우선되는 내용과 뒷받침되는 요소를 구분할 수 있으므로 이에 따라 기업이 적절한 비율로 기업의 자원을 투자할 필요가 있다. 또한 브랜드 개성과 유행에 대한 전략적 조합을 통해 구체적인 브랜드 전략과 마케팅 전략을 세우는 데 활용할 수 있을 것으로 생각한다.

● 브랜드의 정형성과 수명에 따른 유형별 전략

정형성＼수명	장기지향 브랜드	단기지향 브랜드
정형화된 브랜드	브랜드 개성 강화 전략 (소비자 중심의 중장기 브랜딩 전략)	브랜드 개성 + 유행 추구 전략 (기존 스타일에 보완적인 유행 반영)
비정형화된 브랜드	동종 상품 내의 스타일 차별화 중요 (유행과 적합한 브랜드 개성 개발)	이종 상품 간의 상호보완성이 중요 (동시대 최신 유행의 적극적 활용)

기업의 전략적 선택과 패션 마케터의 역할

브랜드 런칭을 기획하고 준비하는 단계에서 향후 브랜드의 성공과 실패를 확신하는 것은 쉽지 않다. 특히 단기적으로 강한 영향을 미치는 외부 요소인 유행을 브랜드에 융합하는 방법을 쉽게 찾을 수 없거나 유행 반영에 대한 결과 예측이 정확하지 않을 때에는 기획 초기와 다르게 융통성 있는 방향에서 브랜드를 운영하고 적응하는 것도 필요하다. 특히 외부에서 발생하는 문제는 그 자체로 어떤 브랜드에도 동일하게 일어날 수 있는 상황적인 문제다. 따라서 해당 기업에서 브랜드를 담당한 주체들이 소비자들의 반응에 따라 브랜드 관리 방법을 전략적으로 선택하여 변화하는 상황에 능동적으로 대응하는가 여부가 브랜드의 흥망을 결정한다.

따라서 브랜드의 기획 의도와 소비자 인식의 측면을 종합하여 브랜드 운영에 반영할 필요가 있다. 여기서는 브랜드의 수명과 정형성을 통해서 브랜드를 유형화하고 브랜드 개성 추구와 유행 추구의 측면에서 전략적 선택과 집중의 방향을 모색하였다. 물론 효과적인 브랜드 경영을 위해서는 이외에도 다양한 마케팅 요소들을 고려해야 한다. 브랜드 수명이나 정형성 여부가 브랜드를 유형화하는 측면에서 기업과 소비자의 인식을 나타내는 유일한 기준은 아니다. 다른 어떤 기준이라도 해당 기업과 소비자의 입장을 적절히 반영할 수 있다면 타당하게 활용할 수 있고, 마찬가지로 브랜드 개성이나 유행과 같은 전략적인 내용에서도 다른 대안적 요소들을 살펴볼 수 있다. 한편으로 브랜드 관리에서 다양한 전략적 활용을 위해 소비자의 상이한 마케팅 반응을 예측할 수 있는 기준을 찾아서 실질적인 전략으로 구체화하는 노력도 필요하다.

모든 브랜드들은 결국 시장에서 소비자들에 의해 평가된다. 그러므로 패션 마케터들에게 요구되는 것은 자신이 담당하는 브랜드를 주관적 · 객관적 입장에서 견지하고 보다 명확하게 관리할 수 있도록 유형화하거나 구체적인 수치로 계량화하여 브랜드 전략의 결과나 효과를 측정하고, 그에 따라 끊임 없이 새로운 마케팅 전략을 준비하는 것이라고 할 수 있다.

chapter 2

소비자를 설득하는
패션마케팅 전략 실행하기

소비자를 설득하는
패션마케팅 전략 실행하기

들어가기 : 소비자를 합리적으로 설득하라

　2009 S/S 시즌을 겨냥하여 새롭게 런칭을 준비하는 정장 브랜드 A가 있다. 패션 수트의 본고장이라는 유럽에서도 수백년 간 명문가의 귀족들이 입었고, 지금도 소수의 선택된 사람들만이 옷값을 지불하고도 최소 6개월은 기다려야 입을 수 있다는 이태리 장인의 명품을 드디어 한국에 소개하게 된 것이다. 수입 계약이 끝나고 분주하게 브랜드 런칭을 준비하던 B패션회사는 갑작스럽게 이벤트를 통한 브랜드 홍보 전략이 무산되면서 A브랜드를 어떻게 소비자들에게 소개해야 할지 고민에 빠졌다. VIP 고객을 1:1로 추천하고 공동으로 프로모션을 진행하기로 합의했던 고급 수입 자동차 회사인 C가 최근 D명품업체와 진행했던 이벤트에서 고객 정보가 유출되는 문제가 생기는 바람에 이번 공동 이벤트를 진행할 수 없다고 정식으로 통보해 왔기 때문이다. 사실 B패션회사는 브랜드가 브랜드인 만큼 이번에는 일반 소비자들은 물론 심지어 언론에서도 모르게 브랜드 런칭을 준비해 왔다. 아무런 공식적 마케팅 활동 없이 C회사의 VIP 고객에게만 브랜드를 소개하고 다시 VIP 고객이 추천하는 고객만을 새로운 고객으로 모시는 마케팅

전략을 채택했기 때문에 당장 목표 고객 확보에 비상이 걸리게 된 것이다. 그렇다면 이제라도 주요 패션잡지의 기자들을 불러모아 A브랜드의 수입을 알린 후에 공식적인 브랜드 런칭 패션쇼를 준비하는 것이 나을까? 아니면 C회사에 비하면 명성이 떨어지지만 나름 유명 연예인에게 인기 있는 수입 자동차 브랜드인 E와 공동 마케팅을 추진하는 것이 나을까?

2009 S/S 시즌 출시를 목표로 여성용 영캐주얼 브랜드를 각각 준비하는 X패션회사와 경쟁사 Y패션회사가 있다. 브랜드 콘셉트나 유통망 분포 등이 비슷하여 매시즌 치열한 매출 경쟁을 벌이던 두 회사가 마침내 새로운 브랜드를 통해서 피할 수 없는 대결을 하게 된 것이다. 원래 비슷한 유행 스타일과 콘셉트로 경쟁해 왔기 때문에 이번에도 브랜드와 로고를 빼면 의복 스타일에서는 별로 차이가 날 것 같지 않자, X패션회사와 Y패션회사는 소비자들에게 자신의 새로운 브랜드를 확실하게 알리기 위해 대대적인 광고 전략을 기획하였다. X패션회사는 브랜드 런칭부터 3달 동안 3대 방송사 TV 광고를 통해 브랜드를 알리면서 동시에 10개 주요 패션잡지에 3개월 간 첫 페이지에 이미지 광고를 내보내기로 결정했다. 광고 부서의 회의 결과, 주로 파급력이 강한 광고 매체를 통해서 브랜드 인지도를 높이는 광고 전략을 준비했다는 내부적인 평가를 내렸다. 한편 Y패션회사는 런칭 한 달 전부터 패션 관련 케이블TV와 일부 패션잡지에 티저 광고(teaser advertising)를 내기 시작하면서 호기심을 유발했다. 브랜드 런칭과 동시에 티저 광고를 브랜드 광고로 바꾸면서 케이블TV와 패션잡지의 수를 두 배로 늘리고, 각 매체별로 광고 빈도도 두 배로 높이는 전략을 사용하기로

하였고 지하철 외부광고와 지하철 내 방송 광고도 계약하였다. 광고 부서에서는 비용이 비싼 공중파 TV광고를 내보내진 않기로 했지만 이에 상응하는 비용을 들여 다양한 채널에서 같은 광고를 접할 수 있는 반복적 광고전략이 보다 효율적이라는 평가를 내렸다. 그렇다면 각자의 광고 전략을 통해서 동시에 런칭하는 X와 Y두 패션회사 브랜드 중에서 어떤 브랜드의 인지도가 높아질 것인가? 단순히 광고 전략의 차이만 고려한다면 어떤 브랜드의 매출이 더 좋을 것이라고 추측할 수 있으며 그 이유는 무엇인가?

마케팅 관련 서적이나 신문 기사를 보면, 크게는 마케팅 전략, 작게는 프로모션 전략이라는 용어를 대신해서 통합적 마케팅 커뮤니케이션, IMC(Integrated Marketing Communication) 전략이라는 표현을 사용하는 경우가 많아졌다. 여기서 IMC는 각종 마케팅 실행 도구들을 ‘소비자’라는 목표를 향해 체계적으로 통합하고 관리하여 각각 도구들의 성과의 합보다 전체 마케팅 프로그램의 성과가 커지도록 마케팅 활동을 계획하고 수행하는 것을 말한다. 따라서 각각 성공적인 광고, PR, 이벤트 등을 기획하는 것도 중요하지만 이들을 유기적으로 관리하여 흐트러지지 않고 한 방향으로 나아갈 수 있도록 만들어서 궁극적인 목표인 소비자를 설득하는 것이 더욱 중요하다. 따라서 마케팅을 기획하는 단계에서 세운 목표를 향해 세부 마케팅 활동을 진행할 때는 선택한 전략에 일관성이 유지될 수 있도록 해야 한다. 보다 나은 전략적 선택이나 선택하지 않은 전략에 대한 보완을 고민하기 보다는 선택한 전략 속에서 다양한 전략 간의 연계를 통해 효율성을 살리는 것이 보다 중요하다.

chapter 2에서는 소비자들을 감정적, 이성적으로 설득하는 마케팅 전략 실행 과정에서 활용할 수 있는 광고, 판매 촉진, 가격 할인 등의 종합적 커뮤니케이션 전략을 다양하게 유형화하고 구체적인 실행 방안을 모색할 것이다. 이를 통해 패션 마케터들이 개별 브랜드의 내부적, 외부적 상황에 맞는 마케팅 활동을 기획하는 데 체계적으로 접근할 수 있는 전략적 단초를 제공하고자 한다.

촉진 전략의 유형화와 단계적 마케팅 전략

많은 소비자들이 옷장에 수많은 의복을 두고도 입을 옷이 없다고 푸념하고, 설령 입을 만한 옷이 있다고 하더라도 주어진 상황이나 시점에 적합하지 않다는 평계로 새로운 스타일의 패션상품을 또 구입한다. 어떤 소비자들은 기능적으로 전혀 문제가 없지만 어느 시점에서부터는 기존에 구매한 옷을 더 이상 입지 않을 뿐더러 며칠 전에 산 옷임에도 불구하고 단지 마음에 들지 않는다는 이유로 더 이상 입지 않기도 한다. 의복과 같은 패션상품은 절대적인 필요에 따라서 구입하거나 기능을 위주로 착용하는 상품이 아니기 때문에 가전제품처럼 교체 주기가 길지 않다. 또, 식료품과 같이 하루 단위 혹은 주 단위로 일정한 시기마다 비슷하거나 같은 상품이 반복적으로 소비되지도 않는다. 패션상품에 있어서는 오히려 짧고 충동적인 교체 주기를 통해서 '서로 상이한 상품이 계속해서 소비된다'고 표현하는 것이 타당할 것이다. 만약에 많은 소비자들에게 시간적·금전적 여유가 생긴다면, 소비자들은 저녁 식사에 쓸 양파나 당근 같은 식료품, 여전히 쓸 만한 세탁기나 냉장고 같은 가전제품이 아니라 두말 없이 새로운 패션상품을 쇼핑하고자 할 것이다. 이처럼 패션상품에 대한 구매 욕구는 항상 존재한다. 단지 현실적인 이유로 이러한 욕구가 제한되거나 소비자 스스로 욕구를 조절할 뿐이다.

그러나 특정한 의복을 착용해야 하는 상황이 분명한 경우에 소비자 내부에서는 구매 욕구가 활성화되고, 소비자 스스로도 이러한 상황을 받아들이며, 구매와 관련한 외부의 여건이 호의적일 때 비로소 패션상품을 구매하기에 이른다. 그러므로 소비자가 패션상품을 구매할 준비가 되어있을 때 자기 브랜드나 자기 점포에서 소비자의 구매를 유도하지 못하면 소비자는 마음을 바꾸어 구매를 유보할 수 있고 혹은 브랜드를 교체하거나 다른 점포로 이동하여 구매하는 경우도 발생할 수 있다.

소비자의 구매 의사 결정 과정 속에서 소비자를 자극하여 구매를 유도하는 판매자의 노력을 촉진 전략(promotion)이라고 할 수 있는데 촉진 전략은 일반적으로 광고, 가격 할인, 쿠폰 발행, 이벤트 등의 형태로 나타난다. 이 가운데 소비자에 대한 판매 시점과 가장 가까이 위치한 촉진 전략은 보통 판매촉진(sales promotion)인데, 판매촉진은 가격 전략에 기반하여 운영하는 경우가 많으므로 여기서는 먼저 가격을 기준으로 촉진 전략을 유형화하여 살펴보고자 한다. 또한 촉진 전략을 통해 매출을 증가시키고자 한다면 촉진 전략 각각의 효과를 살펴보고 자신의 브랜드가 원하는 효과를 가장 잘 발휘할 수 있는 촉진 전략을 선택하거나 조합하여 적용하는 것이 필요하다. 따라서 개별적 촉진 전략의 효과를 나누어 살펴보고 그에 따른 전략적 접근 방법을 생각해 본 후에 패션상품의 촉진 전략에 대한 개념을 단계적으로 전략화하고자 한다.

가격 촉진 전략과 비가격 촉진 전략

촉진 전략은 크게 광고나 PR과 같이 비교적 중장기적인 관점에서 브랜드나 상품에 대한 소비자의 태도 변화를 목적으로 하는 전략과 직접 마케팅, 이벤트, 쿠폰 등과 같이 구매 시점에 가까운 때에 소비자의 즉각적인 구매를 일으키기 위한 전략으로 나누는 것이 일반적이다. 그러나 촉진 전략의 결과가 구매로 연결되는지 여부를 중요하게 보는 관점에서는 패션상품의 구매 시점에서 소비자들이 중요하게 평가하는 요소인 가격을 중심으로 촉진 전략을 구분할 필요가 있다. 즉, 일시적 가격 할인이나 쿠폰 등을 통해 상품을 구입하는 순간에 소비자가 지불하는 비용에서 즉각적인 혜택을 얻을 수 있도록 하는 가격 촉진 전략과, 브랜드의 인지도를 높이거나 구매 후에 보상을 제공하여 구매를 촉진하는 비가격 촉진 전략이 있다. 또한 비가격 촉진 전략은 다시 구매와 직접적인 연관성 여부에 따라서 핵심 전략과 보조 전략으로 나눌 수 있다. 일반적으로 가격 촉진 전략은 매출 신장에 직접적으로 기여하는 바가 크기 때문에 촉진 전략의 중심이 된다. 반면, 세일에 대한 특별 광고나 쿠폰 사용시에 경품 추첨 등과 같은 비가격 촉진 전략은 가격 촉진 전략을 통해 세운 판매 목표를 달성할 수 있도록 돕고 협력하는 보조 전략이다.

따라서, 패션 마케터들은 촉진 전략의 개별적 역할을 이해하고 체계적으로 활용하여 브랜드의 매출을 올려야 한다. 또한 각각의 전략은 장단점을 갖기 때문에 반드시 시계열적인 입장에서 생각해 보고 실행해야 한다. 예를 들어, 가격 촉진 전략을 수행하는 데 많은 비용이 필요할 뿐만 아니라 해당 브랜드에 대한 소비자의 신뢰가 약해지고, 준거 가격(reference price)이 낮아질 수 있는 위험이 있기 때문에 매출 효과가 좋다고 하더라도 가격 촉진 전략을 빈번하게 사용하는 것은 옳지 않다.

따라서 패션 마케터는 주어진 상황에 따라 비가격 촉진 전략을 단독으로 사용하여 브랜드의 매출 신장에 기여할 수 있는 방법을 모색할 필요가 있으며, 소비자들이 비가격 촉진 전략을 통해 가격 촉진 전략을 연상하거나 가격적 혜택을 상기하도록 만드는 것도 효과적이다. 예를 들어, 상시 할인 코너에 대한 광고, 입점 고객에 대한 샘플 증정, 구매시 경품 추첨 등과 같은 비가격 촉진 전략을 통해서 소비자들이 가격적인 혜택을 인식하거나 가격에 대한 호의적 태도를 갖도록 만들 수 있다. 그렇게 되면 실제 가격 할인을 실시하지 않아도 유사한 효과를 발휘하여 직접적으로 매출 신장에 기여할 수 있고, 최소한 소비자를 점포 안으로 유인하는 효과를 발휘할 수 있게 된다. 그러므로 보다 다양하고 효과적인 비가격 촉진 전략을 개발할 필요가 있으며, 여러 가지 비가격 촉진 전략을 순서 효과나 상호보완적 효과를 중심으로 하여 효율적으로 조합하는 방법을 찾는 것도 전체적인 촉진 전략의 성과를 향상시키는 길이 될 수 있다.

● 가격을 기준으로 한 촉진 전략의 유형

	촉진 전략	
가격중심 촉진 전략	비가격중심 촉진 전략	
	보조적 촉진 전략	핵심적 촉진 전략
일시적 가격할인		
보너스 팩		
고객카드 할인	TV, 잡지 광고	샘플링
쿠폰	특별 디스플레이	프리미엄
리베이트	판매시점 광고 등	추첨, 이벤트 등

촉진 전략의 역할과 매출 향상 효과

매출과 직접 관련된 촉진 전략은 일반적으로 소비자들의 구매를 유도하는 역할을 수행한다. 이러한 촉진 전략의 역할을 구체적으로 나누어 살펴보면,

첫째, 촉진 전략은 소비자가 구매를 결정하는 데 영향을 미친다.

대부분의 경우에는 브랜드의 촉진 전략이 소비자의 구매 욕구를 자극하여 매출이 발생하지만, 상황에 따라 촉진 전략이 존재하지 않더라도 소비자가 자발적으로 상품을 구매하고 촉진 전략을 실시한 때와 매출에서 큰 차이를 보이지 않는 경우가 있다. 따라서 촉진 전략이 소비자의 구매 결정에 크게 영향을 주지 않는 때에는 충성 고객들이 자신의 반복 구매에 따른 보상으로 그러한 촉진 전략을 받아들일 수 있도록 전략적으로 접근해야 한다.

둘째, 촉진 전략은 소비자가 구매를 강화하는 데 영향을 미친다.

브랜드가 촉진 전략을 사용하지 않는다면 소비자들의 점포 이용의 횟수나 해당 브랜드 상품의 구매량이 줄어들 수 있으므로 촉진 전략을 통해 기존에 구매하던 브랜드나 점포를 계속해서 이용하도록 할 수 있다. 그러나 이 때에는 촉진 전략의 비용과 해당 소비자들의 가치를 비교할 필요가 있다. 적은 촉진 비용으로 해당 소비자들을 계속해서 유지시킬 수 있고 브랜드에 수익이 된다면 당연히 해당 소비자의 구매를 강화할 필요가 있다. 설령 그렇지 않은 경우라도 점포가 붐비는 효과와 같이 해당 소비자가 구매를 통해 제공하는 직접적인 수익 이외에 브랜드나 점포에 미치는 긍정적 영향을 고려하여 촉진 전략의 활용 여부를 결정해야 한다.

셋째, 촉진 전략은 소비자가 구매를 전환하는 데 영향을 미친다.

촉진 전략을 통해 경쟁 브랜드나 점포로부터 소비자를 유인할

수 있는데 소비자의 입장에서는 구매 전환이라고 할 수 있으며, 기업의 입장에서는 경쟁 브랜드의 소비자를 데리고 오면 브랜드 전환이 되고 경쟁 점포로부터 소비자를 빼앗아 오는 경우에는 점포 전환이 된다.

소비자 구매의 결정-강화-전환을 단계적인 목표로 하여 촉진 전략을 수행할 때 일반적으로 단계가 진행될수록 촉진 전략의 비용이 증가하거나 많은 시간이 소요될 수 있다. 그러므로 어느 수준까지 촉진 전략을 준비할 것인지 미리 결정해야 한다. 또, 소비자 구매와 관련한 촉진 전략의 효과는 다양하기 때문에 기대하는 효과를 발휘할 수 있도록 적절한 촉진 전략을 사용할 필요가 있다. 한편 충성 고객의 경우에는 일반적인 수준의 가격 혜택을 통해서는 쉽게 구매를 강화하지 않는다. 따라서 백화점에서 VIP 고객을 초대하여 폐점 시간 이후에 특별히 구매할 수 있도록 하는 경우와 같이 멤버십을 재인식할 수 있도록 심리적인 혜택을 제공하는 비가

● 구매 단계에 따른 촉진 전략의 효과

촉진 전략의 효과			
구매 결정	구매 강화	구매 전환	
↓	↓	↓	↓
촉진 전략이 없으면 구매하지 않았을 때	촉진 전략이 있어서	브랜드 전환	점포 전환
촉진 전략이 없어도 구매했을 때	계속해서 특정 점포, 브랜드를 구매했을 때	촉진 전략이 없었더라면 타 브랜드를 구매했을 때	촉진 전략이 없었더라면 타 점포에서 구매했을 때

격 촉진 전략을 채택하는 것이 효과적일 수 있다. 반대로 경쟁자로
부터 구매 전환을 이끌어 내기 위해서는 쿠폰과 적립금 등을 통해
구매 시점에서 직접적인 가격 혜택을 부여하는 것이 중요하다. 그
러나 그들을 고객으로 만들기 위해서는 누적 효과를 발휘할 수 있
는 적립금이나 구매 횟수에 따라 쿠폰을 차등하여 제공하는 가격
촉진 전략을 활용하고 이러한 전환 고객들을 충성 고객으로 만들
어가는 전략을 병행하는 것이 필요하다.

촉진 전략의 설계와 적용

촉진 전략을 효과적으로 실행하기 위해서는 먼저 개별적인 촉진
도구의 특성과 내용을 잘 이해하고 촉진 전략의 목적과 목표 소비
자에 맞춰 여러 가지 촉진 도구의 효과를 고려해야 한다. 그리고
각각의 촉진 도구들을 가장 효율적으로 조화시켜서 시너지 효과를
창출하여 매출 향상에 기여할 수 있도록 촉진 전략을 설계하는 것
이 필요하다. 또한 특정한 촉진 도구나 촉진 전략의 조합이 가장
효과적이라고 말할 수는 없으므로 지속적인 소비자 조사를 통해
다양한 촉진 전략을 상황에 따라 탄력적으로 시장에 적용하는 것
이 필요하다. 이를 위해서는 다음과 같은 2가지 사항을 항상 고려
해야 한다.

첫째, 촉진 전략을 효과적으로 실행하기 위해서는 전략 수행의
기준을 정하고 전략 수행에 초점을 맞춰야 한다.

앞서 말한 바와 같이 가격과 관련한 혜택을 매출과 직접 연결되
는 요소로 보고 가격·비가격 촉진 전략, 핵심적·보조적 촉진 전
략으로 나누어 전략의 주종 관계를 통해 단계적으로 각각의 전략
에 집중하는 것이 좋다. 또한 소비자의 의사결정 과정을 중심으로

하여 구매 자체를 촉진하는 1차 촉진 전략과 타 브랜드나 타 점포가 아닌 내 브랜드, 내 점포에서 구매를 촉진하는 2차 촉진 전략으로 나누는 등 순차적으로 촉진 전략을 조합하여 접근하는 방법도 효과적일 수 있다. 물론 여기서 중요한 것은 마케터를 비롯하여 촉진 전략의 수행과 관련된 구성원들이 촉진 전략이 지향하는 바가 무엇인지 명확하게 인식하고 공동의 목표를 향해 단계적으로 접근하는 것이다.

둘째, 패션상품의 제조와 유통의 책임이 분리되어 있는 경우에는 협력적인 촉진 전략을 구사할 필요가 있다.

예를 들어, 백화점에 입점해 있는 경우 특정 브랜드의 매출이 증가해도 전체 점포의 매출이 증가하지 않으면 백화점에는 이익이 되지 않고, 반대로 전체 점포의 매출이 증가하더라도 자사 브랜드의 매출이 늘어나지 않으면 브랜드 입장에서 점포의 매출 증가는 의미가 없다. 그러나 브랜드와 점포가 동시에 매출 증가를 이루는 것이 쉽지 않기 때문에 일반적으로 제조업체는 브랜드 전환을 유도하고 유통업체는 점포 전환을 유도하는 경우가 많다. 그러나 이들의 촉진 전략이 개별적으로 작용할 때는 단순히 타 지역의 자기 브랜드 소비자를 유입하는 효과밖에 얻을 수 없다. 그러므로 제조업체와 유통업체가 중장기적인 입장에서 공동으로 이익을 내기 위해서는 신규 고객을 확보하거나 기존 고객의 추가적인 구매를 촉진하는 전략으로 나누어 공동의 입장에서 함께 추진해야 한다. 유통업체가 자체 브랜드를 개발하거나 제조를 전문적으로 하는 브랜드가 유통까지 담당할 때, 촉진 전략이 원활하게 이루어질 수 있는 것도 이렇게 제조와 유통의 입장이 하나로 합쳐져 유기적인 전략 구성이 가능하기 때문이라는 점을 기억해야 한다.

무엇보다도 효율적으로 촉진 전략을 수행하기 위해서는 기존의 개별적, 단편적 촉진 전략을 버리고 '양방향 커뮤니케이션'의 입장에서 통합된 촉진 전략의 개념을 명확하게 확립할 필요가 있다. 즉, 촉진 전략은 단순히 새로운 소비를 시도하도록 하거나 더 많은 소비를 양산하도록 유도하는 것이 아니다. 또한 단지 소비자의 시선을 집중시키거나 브랜드의 이미지를 호의적으로 만드는 데 그치는 전략도 아니다. 매출과 관련해서는 소비자와 지속적인 커뮤니케이션을 통해서 소비자가 주의, 인지, 기억 등의 과정을 거쳐 구매를 망설이지 않게 돕고, 촉진 전략이 없었더라면 발생하지 않았을 매출이 다른 브랜드나 다른 점포가 아닌 자사의 브랜드와 점포에서 발생하도록 만드는 것이 촉진 전략이다. 궁극적으로 여러 촉진 도구들이 한 방향으로 설정된 마케팅 전략 내에서 시너지 효과를 창출하여 소비자를 설득하는 단계적이고 총체적인 과정으로 촉진 전략을 이해해야 한다.

구매 시점에서 상황의 영향과 판매촉진 전략

패션상품을 구입할 때 어떤 소비자들은 개인적인 취향에 따라 한두 개의 브랜드만을 고집하거나 브랜드에 관계 없이 특정한 스타일에 꾸준한 애착을 보이지만, 어떤 소비자들은 쇼핑할 때마다 브랜드나 점포를 새롭게 선택한다. 또 다른 소비자들은 특정 브랜드와 스타일, 그리고 점포를 고집하더라도 주어진 상황에 따라서 유동적으로 판단하기도 한다. 그러나 점차 패션 브랜드와 패션상품이 소비자의 수요에 비해 여유 있게 생산되면서 판매자 간의 경쟁이 심화되었고, 기본적으로 소비자의 선택 범위가 넓어지고 깊어지면서 패션 기업들은 다양한 촉진 전략을 펼쳐 소비자들에게 소구하고 있다. 그러나 소비자들은 기업이 원하는 방향으로 움직이지 않으며, 자신에게 유리한 촉진 전략에만 반응하여 기업의 마케팅 전략을 어렵게 만들고 있다. 이전과는 달리 기업의 다양한 마케팅 활동에 의해 구매 상황이 복잡해졌고 소비자들은 점차 일정한 패턴으로 쇼핑하지 않고 다양한 방식으로 패션상품을 선택하는 쪽으로 변화하고 있다. 그 결과 브랜드와 점포를 고집하는 비율, 결제 방식, 구매량 등에서 큰 편차를 보인다는 것이다.

한편, 구매 시점에서 기업의 마케팅 활동이 증가하더라도 실제 구매 행동에서 소비자의 개인적 특성은 여전히 중요하게 작용하지만, 구매 시점에서 상황적인 영향이 점차 크게 작용하고 있는 것 또한 사실이다. 예를 들어 동일한 소비자가 유사한 상품을 구매한다고 하더라도, 심지어 특정 브랜드에 충성하는 소비자라고 할지라도 종종 구매 상황에 따라 기존과는 다른 선택을 하게 된다는 것이다. 따라서 이러한 소비자 행동을 보다 정확하게 예측하고 설명하기 위해서는 소비자 특성을 연구하는 것과 별도로 구매 시점에서의 여러가지 상황적인 영향을 확인하고 구매와의 관계를 분명히 살펴볼 필요가 있다.

여기서는 먼저 '상황(situation)'이라는 용어를 개인의 내적 특성이나 안정된 환경 특성은 아니지만, 개인의 심리적 과정 및 표출되는 행동을 설명할 수 있고 개인에게 체계적인 영향을 미치며 특정한 시간과 장소에서 나타나는 모든 요소에 대한 개인의 내적 반응으로 정의한다. 구매 시점에서 상황의 영향을 크게 구매 시점에서의 기분이나 재정적 상태를 포함한 소비자의 상황, 상품 구색이나 전반적 분위기를 포함한 매장 내의 상황 그리고 할인이나 판매원의 서비스와 같은 매장의 정책적인 상황으로 각각 나누어 살펴보고, 판매 촉진과 같은 구체적인 마케팅 전략에서 상황의 영향을 어떻게 활용할 수 있는지 알아보고자 한다.

상황의 영향 1 : 소비자의 상황

유행에 민감한 소비자는 일반적으로 해당 시즌의 유행이 보다 강하게 표현된 패션상품을 빠르게 구매하고, 유행에 민감하지 않은 소비자들은 유행이 덜 두드러진 패션상품을 구매하거나 다른 사람들이 먼저 유행 상품을 구매하면 그 이후에 따라서 구매하는 경향이 높다. 그러나 유행에 대한 민감성과 같은 소비자 특성은 일반적인 구매 행동을 예측하는데 유용하지만, 이러한 성향이 매번 새로운 유행의 패션상품을 구매하는 행동과 일치하는 것은 아니기 때문에 구매 시점에서 소비자의 상황적인 측면을 살펴보는 것은 실제 매장에서 소비자 행동을 예측하는 데 중요한 변수가 된다. 이렇게 소비자의 개인적 특성과 관계 없이 작용하는 소비자의 상황으로 소비자의 기분, 시간적인 여유, 재정적인 상태 등을 들 수 있다. 예를 들어, 보통의 경우에는 베이직 스타일의 패션상품을 주로 구매하는 소비자라고 해도 기분을 전환하고 싶다거나 재정적인 여유가 충분할 때는 기존과 다른 스타일이나 새로운 유행 스타일을 수용할 수 있는 가능성이 높다는 것이다. 물론 소비자의 이러한 개인적 상황을 구매 시점이라는 짧은 시간에 파악하는 것은 쉽지 않다. 그러나 소비자의 옷차림과 소비자가 관심을 갖는 패션상품을 비교하거나 구매하고자 하는 패션상품의 착용 상황과 관계된 질문을 통해서 소비자의 심리를 파악할 수 있으며, 구매 동반자와의 의사 소통 내용에 주의를 기울이면 소비자의 상황을 보다 쉽게 이해할 수 있다. 소비자의 표정이나 행동을 이러한 개인적 상황과 연결시켜서 이해한다면 소비자를 좀더 깊이 파악할 수 있고 소비자의 상황에 맞는 패션상품을 제시하여 소비자를 만족시킬 수 있는 판매 전략이 될 수 있다. 또한 이렇게 소비자의 감정적 상황에 따라 구매가 이루어지는 많은 경우 충동 구매로 연결될 수 있고, 충동 구매는 일반적으로 평소보다 많은 구매로 귀결된다고 할 때, 소비자의 상황을 촉진 전략과 연결하는 것은 판매 증가에도 도움이 될 수 있다.

상황의 영향 2 : 매장 내의 상황

대부분의 패션 매장에서는 소비자의 시선을 끌거나 한 곳에 집중시키고 소비자들에게 새로운 상품을 보유하고 있다는 느낌을 주기 위해서 매장 내의 주력 상품과 함께 해당 시즌의 유행이 잘 반영된 상품을 윈도우 디스플레이 공간에 전시한다. 또한 브랜드의 콘셉트에 맞게 매장의 상품 구색이나 전체적인 분위기를 조성하는데, 이는 소비자가 해당 매장 내의 상품들을 개별적인 하나의 상품이 아니라 그 매장의 상품으로 지각하기 때문이다. 일반적으로 음악, 조명, 색채 등과 같이 매장을 구성하는 물리적인 요소들과 매장의 상품 구색(스타일, 색상, 사이즈의 다양성)이나 재고 상태 등을 소비자에게 영향을 주는 매장 내의 상황적 요소로 보고 있다. 또한 쇼핑하는 사람들의 숫자, 인접한 다른 매장의 브랜드, 날씨의 좋고 나쁨과 같은 요소들도 전반적인 매장의 상황으로 파악할 수 있다. 즉 이러한 모든 요소들이 소비자 특성과 상호 작용을 통하여 소비자들이 매장의 상품을 인식하는 데 영향을 미친다. 따라서 상품 구색이나 재고 수준을 효율적으로 관리하는 것 이외에도 날씨에 따라서 매장의 조명, 음악 등을 조절하거나 주중이나 주말, 오전이나 오후 등과 같이 주요 고객이 달라지는 시간대에 따라서, 혹은 목표 고객들이 주로 찾는 시간대에 맞추어 디스플레이를 일부 조정하는 등의 방법을 사용해야 한다. 고객들이 매장에서 느끼는 전반적인 분위기가 우호적이라면 동일한 상품이더라도 실제 해당 매장의 상품에 대한 평가는 좀더 나아질 수 있고 호의적인 상품 평가를 통해 보다 쉽게 매출로 연결될 수 있다.

상황의 영향 3 : 매장 정책의 상황

매장의 정책은 크게 매장에 대한 이미지나 판매원 등과 관련된 장기적인 정책, 세일이나 사은품 제공 등 각종 판매 촉진 전략에 따른 단기적인 정책으로 나누어 볼 수 있다. 예를 들어, A대형마트보다 B대형마트에서 판매원들이 친절하다고 느끼는 것이나 환불이나 교환이 편리하다고 생각하는 것과 같이 소비자가 받아들이는 매장 정책에 관한 내용들은 장기간에 걸쳐 형성된 것이다. 한편, 할인 쿠폰을 제공하거나 세일과 같은 가격 할인 행사를 실시하는 것은 판매 촉진과 관련한 일시적인 것으로 매장에서 특별한 상황을 형성하는 정책이라고 할 수 있다. 따라서 매장의 장기적인 정책을 통해서 소비자에게 호의적인 이미지를 제공하는 것은 소비자의 입장에서 해당 매장을 보다 특별한 상황에 놓을 수 있도록 만들기 때문에 매장에서 판매하는 복종이나 상품 구색의 유행 수준에 관계 없이 장기적인 정책을 통해 꾸준히 소비자들에게 호감을 심어 주어야 한다. 단기적인 매장 정책과 관련해서 볼 때, 일반적으로 유행 스타일이 많이 반영된 상품에서는 할인이나 사은품 제공 등이 크게 효과적이지 않지만, 베이직 상품의 경우에는 1+1 행사나 할인 쿠폰 등이 상대적으로 효과적이라는 것을 고려해야 한다. 장기적 매장 정책에 의한 상황은 눈에 보이지 않게 형성되어 소비자들의 구매 결정에 큰 영향을 주는 경우가 많다. 반면 단기적 매장 정책에 따라서 소비자들은 민감하게 반응하고 순간적으로 파급 효과가 커질 수 있으므로 가급적 소비자가 쉽게 인지하고 반응할 수 있는 정책적 상황을 만들어야 한다.

◉ 상황의 영향과 판매 시점에서의 적용 방법

상황의 영향	내용	판매 시점에서 적용
소비자의 상황	기분전환의 필요 재정적, 시간적 여유	새롭게 유행하는 상품 권유 고가의 특별한 상품 권유
매장 내의 상황	음악, 조명 등의 매장 시설 상품구색과 상품 전시 방법	시간대에 따른 음악, 조명 조절 상품 구색과 전시의 체계적 변화
매장 정책의 상황	판매원의 고객 응대 쿠폰, 사은품 등의 제공	일관된 이미지 전달로 호의 구축 상품 특성에 따른 차별화된 제공

상황의 영향에 대한 종합적 이해

패션상품의 구매와 관련하여 중요한 소비자 특성인 유행 혁신성과 구매 시점에서 상황의 영향 간의 관계에 관한 연구에 따르면, 전반적으로 유행 혁신성이 높은 사람들이 다양한 상황에 의해 더욱 크게 영향을 받는다고 한다. 따라서 유행 스타일을 중요하게 생각하는 브랜드일수록, 그리고 상대적으로 패션에 민감한 사람들이 많이 방문한다고 예측되는 매장일수록 이러한 상황의 영향을 더욱 중시해야 한다는 것을 알 수 있다.

또한 유행 스타일의 수준에 따른 상품 구색과 관련해서 볼 때, 베이직에 가까운 상품을 구매하는 소비자는 매장 내 상황의 영향을 받아들이는 정도는 점차 줄어들고 매장 정책에 의한 상황의 영향을 보다 크게 받아들이는 것으로 나타났다. 반대로 유행이 많이 반영된 상품을 구매하는 소비자에 대해서는 매장 정책적 상황의 영향은 줄어들고, 매장 내 상황의 영향이 커지는 것으로 보고되었다. 다시 말해서 유행성이 높은 상품을 구매하는 사람들에게는 할인이나 사은품 제공과 같은 촉진 전략보다는 소비자의 이목을 끌 수 있는 매장 내의 상품 구색이나 매장 구성 요소들이 더 효과적인데, 이는 유행 혁신적인 사람일수록 가격 민감성이 낮고 디스플레이를 중시한다는 여러 연구 내용과 맥락이 일치함을 보여 준다. 이러한 결과는 소비자의 유행 수준과 관련하여 실제 구매 시점에서 소비자들이 해당 매장의 상품을 어떻게 받아들이는가, 어떤 성향의 소비자들이 매장의 주요 고객인가와 같이 브랜드에서 핵심적으로 고민해야 하는 문제와 연결하여 다양한 상황의 영향을 어떻게 구체적인 판매 촉진 전략으로 재구성할 것인지에 대한 방향을 제시해 준다. 결국 구매 시점에서 상황의 영향이라고 할 때는 재정적 문제나 기분과 같이 개인이 가진 상황의 특별함, 상품 구색이나 음악, 조명 등과 같은 구체적이고 가시적인 구성 요소들로 이루어진 매장 내 상황의 특별함, 그리고 눈에 보이지는 않지만 매장이라는 공간을 다르게 받아들일 수 있는 장단기적인 매장 정책의 특별함이 어우러진 상황 등을 소비자가 종합적으로 인지하는 반응 상태라고 볼 수 있다. 패션 마케터들은 해당 점포의 주요 소비자에게 각각의 상황이 크게 혹은 작게 작용하는 영향을 이해하고 또한 브랜드나 점포마다 각각의 입장에 적합하면서 보다 구체적이고 개별적인 전략으로 접근할 수 있도록 포괄적인 시각으로 상황의 영향을 바라볼 필요가 있다.

판매 촉진과 전략적 활성화 방안

기업은 고객만족을 넘어 고객감동을 통해서 수익을 창출하고자 소비자를 대상으로 다양한 마케팅 전략을 구사한다. 이른바 4P전략 가운데 가장 다양한 접점을 통해 소비자와 가까운 곳에서 만나는 전략이 촉진(promotion)이라고 할 수 있는데, 대표적인 촉진 전략으로 광고, PR, 판매 촉진, 그리고 인적 판매 등을 들 수 있다. 최근 촉진 수단을 활용하는 기업들의 활동을 살펴보면, 상대적으로 투자 비용이 비싼 광고에 대한 의존도를 줄이고 광고와 유사한 비용이라면 판매 촉진과 같이 보다 다양한 마케팅 활동과 연계할 수 있고 소비자에게 직접 접근할 수 있는 촉진 수단을 많이 활용하고 있다. 일반적으로 광고를 통해 보다 장기적 관점에서 브랜드의 인지도를 높이고 호의적인 브랜드 태도를 형성하는 데 주력한다면, 판매 촉진은 보다 단기적 측면에서 해당 상품에 대한 즉각적인 구매 행동을 유발할 수 있도록 다양한 인센티브(incentives)를 제공하는 행위라고 할 수 있다. 계절적 요인이나 크리스마스, 설날과 같은 기념일과 연계한 마케팅 활동을 통한 시즌 판매 목표의 달성 여부에 따라 브랜드의 매출 순위가 달라질 수 있고, 브랜드 간에 치열한 판매 경쟁이 벌어지는 상황에서는 누가 판매 촉진을 적절히 사용하는가에 따라 매출이 변동하고 브랜드의 성패가 결정될 수 있다. 따라서 판매 촉진은 더욱 중요한 촉진 전략으로 여겨지고 있고 시즌 막바지의 재고 소진 등을 목표로 할 때는 다른 어떤 전략보다 효과적이라고 할 수 있다.

판매 촉진은 크게 판매 촉진 수단을 적용하는 대상에 따라서 일반 소비자를 대상으로 하는 소비자 판매 촉진과 관련 유통업체를 대상으로 하는 유통업체 판매 촉진으로 나누어 볼 수 있다. 브랜드가 소비자와 직접 만나는 경우가 많은 패션 산업에서는 패션 기업들이 주로 소비자 판매 촉진을 통해서 매출을 증진시킬 수 있기 때문에 이를 적극적으로 기획한다. 그러나 판매와 상품 관리에 있어서 소비자와 만나는 유통업체에 대한 판매 촉진에는 의외로 무관심하거나 전략적으로 접근하지 못하여 정작 소비자 판매 촉진 전략이 제대로 추진되지 않기도 하고 유통업체와 마찰이 빈번하게 일어나기도 한다. 따라서 판매 촉진 전략을 효과적으로 추진하기 위해서는 소비자 판매 촉진과 유통업체 판매 촉진을 적절히 조화시킬 필요가 있다. 많은 판매 촉진 전략 가운데 패션 업체에서 사용할 때 특히 효과적인 소비자 판매 촉진과 유통업체 판매 촉진에 대해서 살펴보고 이들 간의 유기적인 연결을 통해 판매 촉진 전략을 활성화하는 방법을 모색해 보기로 한다.

소비자 판매 촉진 전략의 활성화

다른 마케팅 전략과 마찬가지로 기업이 판매 촉진 전략을 추진할 때는 달성하고자 하는 목표를 결정하고 현재 사용하고 있는 광고나 PR과 같은 다른 촉진 전략, 그리고 이전에 사용했던 판매 촉진 전략과의 연계성 등을 고려해야 한다. 각각의 촉진 도구들은 마케팅 상황과 브랜드의 필요에 따라 서로 다른 목적으로 사용될 수는 있으나 모든 촉진 도구가 브랜드 자산 구축과 판매라는 궁극적 목표를 향해서 기획되어야 하기 때문이다.

　기업에서 일반적으로 사용하는 소비자 판매 촉진 전략은 샘플링(sampling), 쿠폰(coupon), 프리미엄(premium), 리베이트(rebate), 콘테스트(contest), 보너스팩(bonus pack), 가격할인(mark down), 이벤트(event) 등으로 나눌 수 있는데, 이러한 촉진 도구들을 단순히 용도에 따라 나열하고 기업의 예산에 맞게 사용할 것이 아니라 소비자가 지각하는 효과에 따라서 다시 분류하여 기업의 목적에 맞게 사용할 수 있도록 체계적으로 관리할 필요가 있다. 예를 들어 쿠폰, 가격할인, 리베이트 등은 추진 방식은 다르지만 소비자의 입장에서는 절대적인 할인의 효과를 얻을 수 있으므로 결과적으로 이들을 유사한 전략으로 받아들일 수 있다. 보너스팩이나 프리미엄은 가격에서 직접적인 가격 할인은 없지만 추가로 동종의 혹은 이종의 물품을 얻을 수 있다는 측면에서 효용성을 비슷하게 평가할 수 있다는 것이다. 따라서 기업의 전략적 목표보다는 예산을 문제로 비용이 적게 드는 전략들을 고집하거나 서로 다른 효과가 있는 전략을 체계적으로 구성하지 않은 채 사용한다면 기업이 원하는 마케팅 목표를 달성할 수 없다.

　패션 기업들이 특정한 기준을 가지고 패션상품의 특성과 대상 소비자들의 특성에 따른 다양한 촉진 전략들을 유사성에 따라 크게 몇 가지로 분류할 수 있다면, 소비자가 비슷하게 지각하는 효과를 가진 전략에 편중되지 않게 조화된 전략을 구사할 수 있다. 또한 어떤 개별적 전략을 활용하기에 적절하지 않은 상황에서 대안적으로 가장 유사한 효과를 얻을 수 있는 전략을 즉각적으로 활용할 수 있다. 새로운 판매 촉진 전략을 만들어서 경쟁사보다 먼저 소비자들에게 적용하는 것도 중요하다. 하지만, 좋은 전략이라고 하더라도 단편적으로 활용할 때는 경쟁사가 동일하거나 보다 나은 전략을 통해 즉각적으로 반격하는 경우에는 그 효과가 약화될 수 있고, 경쟁사보다 항상 좋은 전략을 먼저 제시할 수 있는 것도 아니다. 따라서 새롭고 효과적인 판매 촉진 전략을 개발하는 경우에는 개별적으로 활용할 것이 아니라 다른 전략과 연계하여 경쟁 브랜드가 따라하기 어렵고 흉내내더라도 유사한 효과를 내기 어렵게 전략적으로 구성할 필요가 있다. 또한 기존의 판매 촉진 전략이라도 지속적으로 다른 촉진 전략과 유사점과 차이점을 분석하여 자사의 촉진 전략을 체계적으로 구조화하거나 타 산업 영역에서 효율적으로 쓰고 있는 전략을 응용하는 방법을 찾아야 한다.

예를 들어, 많은 일반 기업들이 가장 효과적으로 사용하고 있는 판매 촉진 전략은 소량의 견본상품을 나누어 주어 실제 상품의 구매를 유도하는 샘플링이지만, 패션상품의 특성상 샘플링 같은 촉진 도구를 사용할 수 없으므로 샘플링 자체는 포기해야 하고, 샘플링이 소비자에게 주는 효용이나 가치를 통해 가장 유사한 전략을 개발해야 한다. 한편 보너스팩과 같은 촉진 도구는 실제로 티셔츠를 한 장 구입하면 하나 더 주는 전략, 셔츠를 구입하면 타이를 제공하는 1+1 행사와 같이 응용할 수 있고, 추첨을 통해서 구매 고객 가운데 일부에게 할인과 같은 가격 혜택을 제공하기보다는 좀 더 가치 있게 조화시켜 활용할 수 있는 패션상품을 제공하는 것과 같이 상품 특성을 고려하고 촉진 도구를 조합하여 사용하는 것이 전체 판매 촉진 전략의 효율성을 높여 준다.

유통업체 판매 촉진 전략의 활성화

일반적으로 유통업체 판매 촉진에는 유통업체 콘테스트와 인센티브, 중간상 할인(trade allowances), 트레이드 쇼(trade show), 판매원 훈련 프로그램(sales training programs), 협동광고(cooperative advertising) 등이 있는데 식품류를 생산하는 브랜드들과 슈퍼마켓의 관계와 같이 유통업체가 다수의 브랜드들을 동시에 수용하는 형태에서 주로 적용하는 전략이다.

백화점이나 할인점, 혹은 아울렛과 같이 유통업체에 입점하는 형태로 운영하고 있는 패션 브랜드의 경우에는 이러한 전략들을 유사하게 활용할 수 있다. 그러나 패션업계는 백화점이나 할인점 같은 유통업체가 제조업체를 강하게 장악하고 있고, 노면점들은 이러한 유통의 힘에서 비교적 자유로운 이중의 유통 구조를 가지고 있기 때문에 현실적으로 제조업체가 유통업체를 상대로 판매 촉진을 시도하는 것은 쉽지 않다. 오히려 거대 유통업체와 유통 전략을 공유하는 경우에는 다양한 판매 촉진 전략에 자사의 소비자 판매 촉진 전략이 혼선되지 않도록 해당 유통업체와 협의 혹은 전략적인 공조를 하는 것이 중요하다고 할 수 있다.

물론 거대 유통업체의 유통망에서 독립적으로 소수의 주요 직영점을 두고 다수의 대리점을 운영하는 패션 브랜드의 경우에는 자사 중심의 유통업체 판매 촉진 전략을 활용할 수가 있으나, 대리점의 경우에는 본사의 제품만을 취급하기 때문에 기본적으로 여러 브랜드의 경쟁을 기본으로 만들어진 유통업체 판매 촉진 전략을 모두 직접적으로 적용하기는 어렵다. 따라서 유통업체 콘테스트와 인센티브, 판매원 훈련 프로그램 등과 같은 한정된 판매 촉진 전략을 브랜드 상황에 맞게 다양화하여 접근할 필요가 있다.

예를 들어, 대리점에 윈도우 디스플레이 교육을 실시한 후에 디스플레이 사진 콘테스트를 하고 우수 대리점을 포상하여 대리점 간에 긍정적인 경쟁 심리를 자극하거나, 푸시머니(push money)와 같이 판매 우수 대리점에 인센티브를 지급할 수도 있으며, 스피프스(spiffs)와 같이 대리점의 우수 사원을 제조업체가 직접 포상하는 판매 촉진을 시도할 수 있다. 실제로 주식회사 금강(금강제화)은 매년 우수 대리점 직원을 선발하여 그들이 원하는 자사의 구두를 선물하고 시상식에서 사장이 직접 구두를 신겨 주는 착화식을 통해서 대리점 사원을 포상하고 있는데, 비교적 적은 비용으로 대리점 직원들의 사기를 진작시키고 대리점 간에 선의의 경쟁을 유도하는 등의 효과를 보고 있다.

판매원 훈련 프로그램도 단순히 본사 직원의 교육을 실시할 때 대리점 직원을 불러 판매 교육을 함께 실시하는 단순함에서 벗어나 대리점이 안고 있는 문제 가운데 하나인 직원의 선발 및 유지 문제를 해결할 수 있도록 해야 한다. 흔히 직원들이 경험과 일에 대한 만족도가 높은 경우에 서비스 수준이나 고객 만족도가 높아진다고 한다. 따라서 본사에서는 대리점 직원의 선발과 관리를 체

● 소비자 판매 촉진과 유통업체 판매 촉진의 비교

	소비자 판매 촉진	유통업체 판매 촉진
주요 촉진 도구	샘플링, 쿠폰, 프리미엄, 리베이트, 콘테스트, 보너스팩, 가격 할인 등	유통업체 콘테스트와 인센티브, 중간상 할인, 트레이드 쇼 판매원 훈련 프로그램, 협동광고 등
촉진 전략의 목표	소비자의 흥미 유발과 즉각적인 구매 유도	촉진 전략 실행을 위한 유통업체의 협력 강화

계적으로 할 수 있는 교육 프로그램을 실시하여 대리점 직원들의 서비스가 안정적으로 이루어질 수 있도록 하고 서비스의 표준화 작업을 통해 본사에서 실시하는 소비자 판매 촉진이 전국적에서 동질적으로 이루어지고 효과적으로 수행될 수 있는 기반을 마련하는 것이 필요하다.

판매 촉진의 전략적 결합

여러 전략을 유기적으로 결합할 때, 단지 1+1=2가 아닌 1+1 > 2 효과로 나타날 수 있다는 것은 잘 알려진 사실이다. 그러므로 소비자 판매 촉진이 신제품의 사용을 촉진하고, 해당 브랜드의 소비율을 높여서 기존 고객을 유지하거나 다른 마케팅 활동을 지원하는 역할을 한다면 유통업체 판매 촉진을 이러한 각각의 소비자 판매 촉진 목표에 맞게 조정해야 한다. 예를 들어, 프리미엄과 같이 자사 제품을 구매한 고객에게 추가로 특정 제품을 제공하는 판매 촉진 전략을 시도하는 경우에는 유통업체 직원에게 충분한 교육을 통해서 해당 전략이 소비자에게 정확하게 전달될 수 있도록 해야 한다. 또, 특정 상품에 콘테스트 기회를 제공하는 경우에는 해당 상품을 많이 파는 직원에게 인센티브를 제공하는 등 소비자 판매 촉진이 대상 소비자에게 최대한 많이 알려질 수 있도록 유통업체의 판매 촉진 전략을 활용하여야 한다.

한편 유통업체와 공정한 관계를 만들기 위해서 서로가 믿을 수 있도록 체계적인 관리 장치를 마련하는 것이 필요하다. 예를 들어, 소비자에게 제공되는 할인 쿠폰을 대리점주가 대량으로 수거한 후에 실제 소비자가 사용하지 않았지만 사용한 것과 같이 처리하여 본사로부터 부당한 이익을 청구하는 경우도 적지 않다. 또한 직접적인 촉진 전략은 아니지만 상품 수선비와 같이 판매를 장려하기 위해 대리점에 지원하는 비용을 부풀리는 경우도 존재하기 때문이다. 그러나 무엇보다도 소비자 판매 촉진 전략에서 상당한 부분이 유통업체와 공조에 기반을 두고 있기 때문에 기본적으로 보다 우호적인 신뢰 관계를 구축하는 것이 유통업체 판매 촉진 이상으로 중요하다고 할 수 있다. 이처럼 소비자 판매 촉진이 유통업체와 서로 해가 되거나 불편한 관계가 되도록 만들어서는 곤란하다. 대신, 소비자 판매 촉진 전략을 최대한 활용할 수 있도록 유통업체 판매 촉진을 관리하고, 유통업체와 우호적 신뢰 관계를 형성할 때 단기적인 매출의 신장뿐만 아니라 전체적으로 브랜드에 우호적인 소비자 태도를 형성하는 데도 도움이 될 수 있다. 일차적으로 판매 촉진 간의 결합을 통한 효율성이 증가한다면, 그 다음 단계로는 광고와 같이 보다 상위 개념의 촉진 수단과도 효과적으로 연계하는 것이 필요하다. 즉, 전체 마케팅 기획에서 세부 실행과의 관계를 살펴보고 다시 구체적인 실행의 입장에서 전체 마케팅 활동과의 연결을 확인해야 한다. 이렇게 해야 전략 자체에서도 양방향적인 확인이 이루어질 수 있으며 궁극적으로 소비자를 향한 조화로운 통합적 마케팅 커뮤니케이션이 가능해진다는 것을 기억해야 한다.

패션 브랜드의 동조와 커뮤니케이션 전략의 적용

한 사회 내에서 패션상품이 유행한다는 것은 소비자의 개성을 추구하는 집단과 준거집단(reference group)에 대한 동조

(conformity) 경향이 있는 집단 간의 특정 스타일에 대한 수용 관계를 말하는데, 보통 이 두 집단이 시간적 차이를 두고 주고 받는 영향 관계에 의해 발생한다. 다시 말하면 타인과 차별화된 개성 추구를 위해 기존과 다른 새로운 스타일의 상품을 먼저 채택한 특정 성향의 소비자 집단이 존재하고, 새로운 스타일을 적극적으로 수용하지 못했다가 새로운 스타일을 먼저 채택한 집단의 영향에 따라 나중에야 그 스타일을 채택하는 집단이 있는데, 이 두 집단이 광범위하게 하나의 특정 스타일을 받아들이는 현상을 우리는 한 사회 내에서 특정 패션상품이 유행한다고 이야기한다. 의복과 같이 집단 내에서 사회적 상징성이 강하고 개인의 기호에 따라 쉽게 채택하여 수용할 수 있는 가시성이 높은 패션상품을 통해서 우리는 유행의 확산 현상을 쉽게 관찰할 수 있다. 이러한 패션상품의 확산 현상을 집단 구성원의 관계를 통해서 설명할 때 가장 크게 작용하는 것이 준거집단에 대한 동조다. 준거집단은 한 개인이 인정받고 그 인정이 유지되도록 동기화된 집단이자 자신과 타인을 평가하는 데 있어 기준으로 사용하는 집단이다. 동조는 개인의 신념이나 행동이 타인들의 신념이나 행동에 영향을 받아 그들과 유사한 방향으로 변화하는 것이고 특히 의복 동조는 다른 소비자의 영향으로 그들과 유사한 의복을 착용하는 것을 말한다.

사회 구성원 간의 관계에 의해 형성되는 힘이 존재하고 그 힘에 의해 소비자들이 서로 영향을 주고 받는다면, 이러한 관계를 구체적으로 형상화시켜 새로운 마케팅 전략으로 활용할 수 있을 것이다. 여기서는 패션상품의 구매에 준거집단이 미치는 영향을 전략화하기 위하여 소비자들의 대표적인 준거집단과 준거집단에 대한 동조 유형을 살펴본다. 그 다음 패션 브랜드를 대상으로 준거집단에 대한 동조를 패션광고와 같은 커뮤니케이션 전략에 적용하여 소비자를 설득할 수 있는 전략으로 활용할 수 있는 마케팅 시사점을 도출하고자 한다.

스타일 혹은 브랜드에 대한 동조

어떤 사회에서 패션상품이 유행하기 위해서는 소비자들이 많은 패션상품 가운데 특정한 스타일을 먼저 선택해야 하기 때문에 디자이너들은 국내외 여러 패션 컬렉션에서 특정 시기를 겨냥하여 유행을 선도할 수 있는 새로운 스타일을 선보인다. 이들 가운데서 대중들의 취향에 맞는 한정된 스타일이 수많은 패션 브랜드에 의해 채택되어 특정 시즌에 유행 패션상품으로 나타나게 된다. 소위 명품 브랜드를 통해서 먼저 선보인 유행 스타일은 내셔널 브랜드(national brand)들을 통해서 점차 많은 사람들에게 소개되고 채택된다. 보통 내셔널 브랜드를 소유한 패션 회사들의 주요한 과제는 제시된 여러 스타일 가운데 어떤 스타일을 자신의 목표 시장의 소비자들이 집중적으로 선택할 것인가 그리고 해당 스타일의 수요는 어느 정도 될 것인가를 예측하여 공급과 재고 관리를 원활하게 하는 것이다. 그러나 유행 스타일과 수요를 적절히 예측하고 공급과 재고 관리를 원활히 한다고 하더라고 패션 회사들이 반드시 높은 수익을 올리는 것은 아니다. 수많은 브랜드들이 같은 목표 시장 안에서 유사한 유행 스타일을 통해서 시장 점유율을 조금이라도 높이기 위해 치열하게 경쟁하고 있고 대부분의 경우에는 저가격 경쟁을 하기 때문이다. 따라서 브랜드 간에 본질적으로 차별화될 수 있는 요소로 경쟁력을 갖추어야만 가격 경쟁을 탈피할 수 있다. 그렇다면 어떻게 유행 현상을 활용하여 차별화된 요소로 목표 시장에서 경쟁할 것인가? 유행 스타일의 확산 현상은 패션 리더와 추종자 관계를 통해서 패션 산업 전반에서 일어나는 자연스런 현상으로 이해할 수 있다. 그러나 경쟁 브랜드들 모두가 거의 동일한 유행 스타일 정보를 접하고 활용하기 때문에 특정 브랜드가 특별히 차별화된 유행 스타일을 소비자에게 제공하기 어려울 수 있다. 이 경우 패션 스타일이 동조를 통해 확산되는 현상을 응용하여 소비자에게 인식되는 브랜드의 차별화를 통해서 브랜드 동조 전략을 목표 시장에서 활용해 보는 것을 생각해 볼 수 있다. 매스마켓에서 스타일의 유행이라는 것이 수많은 브랜드를 통해 소비자에게 확산되는 것이라면, 브랜드도 하나의 대상으로 볼 때 특정한 사람들이 특정한 브랜드를 선택하는 것은 다른 사람들의 선택에 영향을 줄 수 있으므로 이를 전략화할 수 있다는 것이다.

준거집단과 동조의 유형

준거집단의 영향에 대한 여러 연구들을 살펴보면, 준거집단은 패션 브랜드와 관련해서 크게 연예인이나 유명 운동선수들과 같은 대중스타, 부모님으로 대표되는 가족, 친구들이나 선후배와 같은 동료집단, 마지막으로 길거리에서 보는 무명의 대중 등으로 나누어 볼 수 있다. 한편 소비자가 동조하는 동기에 따라 준거집단이 미치는 영향을 유형화한 것을 동조 유형이라고 하는데 크게 규범적 동조, 정보적 동조, 그리고 동일시적 동조로 분류할 수 있다.

규범적 영향은 개인이 집단의 규범에 동조하지 않는 때의 위험에 대한 인식으로 상과 벌에 대한 지각을 통해서 집단에 동조하는 영향력을 말한다. 정보적 영향은 신뢰할 수 있는 집단으로부터 정보적인 영향을 받게 되는 것을 의미하는데, 해당 집단과의 상호작용 속에서 영향을 받지만 일방적인 관찰을 통해서도 정보적 영향을 받을 수 있다. 동일시적 영향은 자아 이미지를 강화시켜 주고 자기 만족에 도움이 되는 집단과의 관련을 통해 자기 이미지를 고양하는 영향을 말하며 매력과 호감을 통하여 동일시적 영향이 발생한다. 따라서 패션 브랜드의 선택에서 동조에 작용하는 영향력을 극대화하기 위해 준거집단과 동조 유형의 적절한 조합을 제시한다면 소비자들에게 보다 호소할 수 있는 커뮤니케이션 전략이 가능할 것이다.

소비자들이 패션 브랜드를 구매할 때, 준거집단이 미치는 영향을 확인하기 위해서는 개인의 구매의사 결정 과정에서 어떤 준거집단이 얼마나 어떤 유형의 영향을 미치는지 확인해야 한다. 그리고 소비자 개인이 각 영향력의 차원을 통해서 종합적으로 준거집단의 의견을 얼마 만큼 고려하는지를 살펴보아야 한다. 일반적으로 소비자들은 상품이나 브랜드에 대한 사용 경험이 부족할수록 다른 사람에게서 정보를 탐색하고 구매시에 다른 사람과 의논함으로써 지각된 위험을 줄이고 심리적 안정을 얻고자 한다. 새로 런칭된 브랜드나 잘 모르는 브랜드를 구입할 때, 준거집단은 개인에게 다양한 영향력을 행사할 뿐만 아니라 구매 여부에 대한 판단의 기

● 준거집단에 따른 효과적 동조 유형 (청소년의 경우)

동조유형 \ 준거집단	가족	친구	유명스타	일반대중
핵심적 동조	규범적 동조	정보적 동조 동일시적 동조	동일시적 동조	정보적 동조
부가적 동조	고가품에 대한 정보적 동조	특정 집단에 대한 규범적 동조	상품·유행에 대한 정보적 동조	막연한 동일시적 동조

준점과 같은 역할을 수행한다. 즉, 준거집단의 영향력이 패션 브랜드 선택에 포괄적으로 작용하는 것으로 생각할 수 있다.

준거집단과 커뮤니케이션 전략

소비자로부터 패션 브랜드의 동조 행동을 이끌어 내기 위해 광고와 같은 커뮤니케이션 전략에서 대중 스타를 준거집단으로 활용하는 경우 소비자들과 이들 간에는 한 집단으로 규범적 관계가 성립하지는 않기 때문에 규범적 영향을 받지 않는다. 정보적 영향과 함께 특히 동일시적 영향을 많이 받기 때문에 매력적인 유명 모델을 매개로 하여 소비자가 브랜드를 자신의 이상적 이미지와 동일시 할 수 있도록 광고 전략을 구성해야 한다. 따라서 스포츠 스타나 유명 연예인과 같은 대중 스타를 통해 동일시적 영향을 중심으로 준거 인물이나 준거 집단을 상기시키는 메시지를 전달하는 것이 효과적인 전략이라고 할 수 있다.

이러한 준거집단의 활용은 목표 시장의 대상에 따라 달라질 수 있다. 예를 들어, 청소년 시장을 대상으로 하는 경우 부모님을 준거집단으로 활용하여 규범적 영향을 표현하는 것은 상황에 따라 효과적일 수 있으나 동일시적 영향을 표현하는 것은 거의 무의미하다. 또한 일반적으로 부모님으로부터 얻는 정보에 대한 신뢰가 높기 때문에 고가나 명품 브랜드의 경우에는 부모님으로부터 인정이나 정보의 출처를 표현하는 것도 효과적일 수 있다. 친구들로 대표되는 또래집단을 준거집단으로 활용할 때에는 정보적 영향과 동일시적 영향이 동시에 작용할 수 있으므로 구전을 통해서 브랜드에 대한 호의적 태도를 형성시키고, 같은 브랜드를 착용한다는 것에서 일체감을 느낄 수 있는 광고 표현이 적절할 것이다. 또한 청소년들이 특정한 집단을 형성하고 일종의 멤버십이 존재한다면, 다른 구성원들의 승인이 중요해지기 때문에 규범적 영향도 발휘될 수 있다.

한편 일상 생활에서 만나는 무명의 대중을 준거집단으로 활용할 때는 소비자들이 관찰을 통해서 정보적 영향을 받으므로 사람들이 많이 착용하는 브랜드라는 측면을 강조하는 것이 특히 심리적으로 위험 부담을 느끼는 소비자들을 대상으로 할 때 효과적이다. 광고에서 브랜드의 대중성을 상징적으로 제시하거나 혹은 실제 판매에서 이러한 점을 소비자에게 이야기하는 것도 좋은 설득 방법이 될 수 있다.

매 시즌마다 어떤 패션 브랜드가 해당 시기의 유행 스타일을 제시하면서 소비자의 취향을 전적으로 만족시키고 브랜드 이미지를 고양시키는 것은 무척 어렵다. 따라서 신규 브랜드의 경우에는 목표 시장의 주요한 소비자들의 준거집단을 이용하여 브랜드 동조 행동을 이끌어 내는 전략을 구사하고, 기존 브랜드는 목표 시장을 확장하거나 새로운 수요의 발생을 위해서 기존에 사용하지 않았던 준거집단과 해당 준거집단에 적합한 동조 유형을 조합하여 소비자에게 제시하는 것이 필요하다. 같은 브랜드가 동일한 커뮤니케이션 도구를 통해서 소비자들과 계속 만나더라도 메시지 전달 방식을 달리할 때 소비자에게 새로움을 줄 수 있으므로 소비자와 새롭게 커뮤니케이션할 수 있도록 준거집단과 적합한 동조 유형의 조합을 색다르게 표현하는 방식을 끊임없이 모색하는 것 또한 요구된다.

광고 모델과 패션 브랜드의 광고 전략

패션상품은 미용이나 피부 관리 등과 같은 무형의 서비스와 달리 유형의 상품이다. 그러나 미용이 서비스를 수행하는 사람이나 장소의 명성이 중요한 것처럼 패션상품도 해당 브랜드를 통해서 상품의 가치를 상품 이상으로 알릴 수 있다는 측면에서 공통점을 가진다. 그러나 패션상품은 식료품이나 공산품과는 달리 같은 상품이 동일한 소비자에게 반복해서 판매되지는 않는다는 특징을 가진다. 즉 패션상품은 그 상품도 중요하지만 브랜드라는 가치를 극대화하여 대상 소비자로 하여금 동일한 상품의 반복 구매가 아닌 브랜드의 반복 구매를 유도하여야 한다는 것이다. 이렇게 브랜드를 소비자에게 알리고 좋은 이미지를 심어준 후에 브랜드에 대한 만족과 신뢰를 통해 브랜드에 대한 애착관계를 형성하여 소비자들로 하여금 '브랜드 구매'라는 최종적인 행동으로 이르도록 하는 과정에서 가장 중요한 것이 소비자와의 커뮤니케이션이라고 할 수 있다.

소비자와 효과적인 의사 소통을 하기 위해 패션 기업은 여러가지 커뮤니케이션 수단을 사용하는데 이 가운데 가장 빈번하게 사용할 뿐 아니라 큰 부분을 차지하고 있는 전략이 바로 광고다. 특히 패션상품과 같이 주로 브랜드 이미지를 통해 소비자에게 소구하는 경우에는 잘 만들어진 광고 한 편이 잘 알려지지 않거나 주목받지 못했던 브랜드의 인지도를 상승시키고 브랜드에 대한 호의적 태도를 이끌어낼 수 있다. 특히 패션 광고에서 추상적인 브랜드 이미지를 구체적으로 표현하는 데 결정적인 역할을 하는 것이 광고 모델이라고 할 수 있다. 따라서 광고 모델의 선택은 광고 콘셉트를 결정하는 것 이상으로 중요하기 때문에 여기서는 광고 모델을 결정하는 일반적 요건을 살펴보고, 패션 브랜드의 특성에 따른 효과적인 광고 모델의 선택에 있어 고려해야 하는 사항을 확인해 본다.

광고 모델의 요건 1 : 신뢰도

소비자들은 광고에서 정보를 제공하는 원천, 즉 광고 모델을 통해서 광고주가 보내는 광고 메시지를 접하고 전달 받은 메시지를 해독하여 광고주의 의도를 이해하게 된다. 일련의 과정에서 소비자가 광고 모델을 신뢰하는 경우 메시지에 대한 수용도는 더욱 높아진다. 예를 들어 '나이키(Nike)'라는 브랜드를 생각할 때 소비자들은 '타이거 우즈', 혹은 '마이클 조던' 등의 스포츠 스타를 떠올린다. 이들은 나이키가 소비자들에게 소구하고자 하는 패션상품의 분야에서 최고의 전문성을 가진 선수이기 때문에 광고 메시지는 보다 효과적으로 전달될 수 있으며, 나이키의 브랜드 이미지는 광고 모델과 마찬가지로 최고라는 점을 다시 각인시키는 역할을 하게 된다.

이처럼 소비자들은 광고 메시지를 전달받을 때 모델이 메시지와 관련하여 가진 지식이나 경험을 고려하여 전문성을 평가하고 이들의 태도가 어느 정도 객관적이고 이미지가 정직해 보이는지를 고려하여 진실성을 평가한다. 광고 모델이 전문성과 진실성을 동반할 때 모델에 대한 소비자의 신뢰도는 상승하고 광고 모델을 통한 광고 메시지는 보다 효과적으로 소비자들에게 전달된다.

기업은 전문성을 가진 광고 모델의 광고 메시지를 소비자들이 진실하다고 느끼기를 바라지만 소비자들은 광고 모델의 전문성은 쉽게 받아들이는 것에 비하여 이들이 기업으로부터 금전적 보상을 받는다는 것을 알기 때문에 광고 메시지를 전적으로 신뢰하지는 않는다. 따라서 광고에서 전달되는 메시지의 진실성 만큼 광고 메시지가 전달되는 광고의 상황과 해당 모델이 가진 이미지의 진실성이 중요하다. 광고 내의 상황은 비교적 쉽게 조정이 가능하지만 광고 모델의 진실성은 언행이나 알려진 사생활을 통해 형성되기 때문에 기존에 소비자가 믿고 있는 광고 모델의 이미지가 얼마나 진실되어 보이는지가 중요하다고 할 수 있다.

특히 패션 브랜드의 경우 브랜드와 모델을 동일시하여 연상하는 경우가 많기 때문에 광고 모델의 개인적인 문제일지라도 그것이 부정적일 경우에, 사회적으로 파장이 클수록 브랜드 이미지에 치명적일 수 있다. 예전에 사회적 문제가 되었던 '연예인 X파일' 은 광고 모델의 전문성 못지 않게 광고 모델의 진실성이라는 부분을 기업의 입장에서 어느 만큼 중요하게 평가하는지를 보여주는 단적인 예가 될 수 있다.

광고 모델의 요건 2 : 매력도

선거와 같이 공약이나 정책이 중요한 상황에서도 선거 후보의 외형적인, 또는 인간적인 매력은 지지율을 결정하는 중요한 요소가 된다. 즉 공약에 관계 없이 혹은 유사한 공약을 제시하는 경우 매력적인 후보에게 투표하는 경우가 많다. 이미지라는 것이 보다 큰 역할을 하는 패션업계에서도 신뢰할 수 있는 광고 모델과 마찬가지로 매력적인 광고 모델은 광고 메시지의 원천에 대해 긍정적인 영향을 준다. 광고 모델의 매력도가 높아질수록 광고 메시지의 수용도 역시 높아지기 때문에 브랜드에 대한 소비자의 인지도나 태도 형성에 중요한 역할을 한다. 이러한 광고 모델의 매력도를 구성하는 요건으로 소비자들이 모델과 자신들의 이미지를 얼마나 비숫하게 느끼는지 평가하는 유사성, 소비자들이 모델을 얼마나 익숙하게 여기는지를 확인하는 친숙성, 그리고 모델의 이미지에서 느껴지는 호의적인 감정인 호감도를 들 수 있다.

예를 들어 '지오다노'라는 브랜드는 유명 모델을 광고에 내세워 성공한 대표적인 브랜드로 평가할 수 있는데, 지오다노와 함께 많은 소비자들은 여전히 '전지현'이라는 광고 모델을 떠올린다. 영화배우라는 직업적인 전문성은 아직 최고라고 할 수 없고, 특별히 인간적인 진실함을 호소하지도 않기 때문에 진실성이라는 부분에서도 높은 점수를 얻기 어려우며 심지어 소비자들은 자신들과 전혀 비슷하지 않은 선택받은 사람으로 여긴다. 그러나 누구나 부러워할 만한 멋진 외모에서 발산되는 매력은 대중 스타로서 친숙성과 함께 소비자에게 호의적인 감정을 불러일으켜 전문성과 진실성의 약점을 충분히 잠재울 수 있었다. '전지현'이라는 광고 모델은 자신의 매력을 최대할 발산하는 광고 콘셉트를 통해서 소비자들에게 소구하며 이성적인 측면보다는 감성적인 부분에서 호소력을 갖는데, 이는 패션상품이나 브랜드가 소비자들에게 소구하고자 하는 내용과 일치한다.

한편 '도브'와 같은 브랜드는 유명 모델을 사용하는 대신 자체적인 콘테스트를 통해서 소비자 모델을 광고에 주로 활용하는데, 이들은 소비자에게 낯설 뿐 아니라 호의적인 감정을 불러 일으키기도 쉽지 않다. 하지만 일상생활에서 반복 구매되는 제품 특성을 고려할 때 유명 모델을 쓰면서 얻을 수 없는 소비자와의 유사성이라는 측면을 강조하여 접근할 수 있다는 장점을 최대한 활용하여 광고 효과를 얻고 있다. 물론 이러한 상품군에서도 브랜드 런칭, 브랜드 재포지셔닝 등과 같이 예외적인 상황에서 특별한 이미지를 소비자들에게 전달하고자 할 때는 유명 모델을 사용하기도 한다.

광고 모델과 광고 전략

신뢰도와 매력도를 동시에 갖추고 있는 훌륭한 광고 모델을 찾는다는 것은 쉽지 않은 일이다. 국내에서는 배우 안성기나 이영애 등 극소수의 모델이 꼽힐 정도이며 실제로 이들은 여러 분야에서 많은 브랜드를 광고하면서도 높은 광고 효과를 내고 있다.

일반적으로 패션 광고에 활용할 수 있는 모델의 경우, 소비자의 감성적인 부분에 호소하기 위해서는 특히 신체적인 매력도가 요구되는데 이러한 모델이 특정 분야의 전문성을 가지면서 소비자에게 정직해 보이기는 쉽지 않다. 또한 전문 패션모델로 유명해진 모델과 같이 신뢰도와 매력도를 동시에 갖춘 모델이라고 해도 해당 패션 브랜드와 이미지가 부합하지 않거나 소비자와 친숙성이 떨어지고 이질감이 높아서 높은 광고 효과를 기대하기 어려운 경우가 많다.

따라서 일반적으로 패션 브랜드의 경우에는 먼저 명확한 광고 목표를 통해 소비자와 단계적인 커뮤니케이션 관계를 고려하고, 광고모델의 채택 요건에 따라 신뢰도와 매력도, 그리고 전문 모델과 유명 모델 가운데 어떤 조합을 통해서 소비자에게 소구할 것인가를 먼저 선택하여 접근할 필요가 있다.

브랜드의 초기에는 해당 브랜드와 이미지가 유사하고 매력적인 유명 모델을 통해서 브랜드 인지도를 형성하고 모델에서 차용한 이미지를 통해 브랜드 이미지를 공고하게 조성한다. 브랜드 이미지를 강화하는 단계에서는 대중적인 인기는 없더라도 신체적 매력이 높은 전문 패션모델을 이용하여 상품의 스타일을 부각시키고 유명 모델이 아닌 브랜드 콘셉트에 초점을 맞추어 명확한 브랜드 이미지를 구성하는 것에 집중해야 한다. 즉 초기에는 브랜드 이미지와 조화된 유명인 모델의 효과를 살려 브랜드 인지도가 상승하고 어느 정도 브랜드 이미지가 형성되면 고유한 브랜드 개성과 정체성을 구축하여 소비자와 단계적으로 커뮤니케이션하는 것이 효과적일 것이다.

'파크랜드'의 경우, 초기 대중 시장에 적극적으로 진출하면서 매력적이기보다는 신뢰도가 높은 '박상원'과 같은 유명 모델을 기용하여 유행 스타일이나 고급스런 이미지보다는 '파크랜드는 합리적 가격을 제시한다'는 브랜드 콘셉트를 강조하는 데 주력했고, 이후에 '장동건'이라는 매력적인 모델을 동반하여 브랜드 이미지를 제고하였다. 결국 목표 시장의 소비자와 어떻게 의사소통할 것인가에 대한 목표가 분명하고, 각각의 커뮤니케이션 단계에 브랜드 이미지와 통일된 광고 모델을 채택하여 브랜드와 일관된 내용을 전달할 때 광고 효과를 극대화할 수 있다는 것이다. 즉 패션 브랜드의 광고 모델이 매력적이라는 것은 중요하지만 브랜드의 목표 시장과 커뮤니케이션 목적에 따라서는 신뢰성에 중점을 두어 광고 효과를 극대화하는 것처럼 브랜드 특성에 따른 탄력적 접근이 필요하다. 그러므로 목표 소비자와 커뮤니케이션 목적, 그리고 광고 콘셉트에 따라서 유명 디자이너를 등장시키고 신뢰도를 높여서 브랜드 인지도를 향상시키거나 브랜드에 대한 호의적 감정을 깊게 만들 수 있다. 때로는 일반인 모델이 갖는 소비자와의 유사성을 통해 광고 메시지의 수용을 높이는 방법도 모색할 수 있다. 또 중장기적으로 스타성을 갖춘 전문 패션모델을 발굴하여 해당 모델을 유명인으로 부각시키는 전략을 통해 소비자에게 이중으로 소구하는 방법도 가능하다.

무엇보다도 광고 자체에서 광고 효과를 극대화할 수 있는 모델을 선정하는 것도 중요하지만, 패션 브랜드가 기획한 마케팅 전략에서 부분적 역할을 하는 촉진 전략 가운데 하나가 광고이며 광고 모델은 그러한 광고의 한 부분이라는 점을 잊지 말아야 한다. 그러므로 전체 마케팅 전략이라는 큰 그림에서 단계적으로 소비자와 커뮤니케이션 관계를 고려한 광고 모델의 역할을 고려하여 모델 채택을 고민할 때, 소비자들을 설득할 수 있는 좋은 광고가 될 수 있을 것이다.

마케팅 믹스를 통한 가격 할인의 이해

시장에서 가격 할인(markdown)이라고 하면 일반적으로 시장 상황이 변동함에 따라 상품의 가격을 인하하는 것을 말한다. 따라서 제조업체는 해당 상품의 유행이 지나거나 판매되지 않았을 때를 대비하여, 제품의 최초 판매 가격을 책정하거나 특정 제품이 최종 판매에 이르는 때에 평균적인 가격 할인율을 조정하여 재고의 소진과 이익의 유지가 균형을 이룰 수 있도록 노력한다.

첨단의 유행 상품에 대해 정가를 지불하는 소비자도 적지 않지만 상품의 수명 주기가 짧고 시간의 경과에 따른 가치 하락이 큰 패션상품과 같은 경우 여전히 많은 소비자들은 유행을 희생시켜서 같은 상품을 조금 늦은 시기에 보다 싸게 구입하기를 바란다. 따라서 백화점의 정기 세일이나 브랜드의 가격 할인 행사를 기다리며, 유행이란 부분을 좀더 희생시킬 용의가 있는 소비자들은 상설 할인매장을 찾는다. 결과적으로 제조업체는 정가에 모든 상품을 판매하지 못하는 경우에 조금 더 늦은 시기에 조금 덜 할인된 가격으로 팔 수 없을까를 고민하게 되고, 소비자들은 같은 상품을 조금 더 이른 시기에 더 싸게 살 수는 없을까를 원하게 되어 한 상품에 대해 판매하는 쪽과 구매하는 쪽이 각각 상반된 시각을 가지게 된다.

소비자가 시장의 중심이라는 입장에서 볼 때 결국 판매자는 소비자를 고려한 가격 할인을 생각하지 않을 수 없고, 기존의 상품과 가격의 조합에서는 더 이상 새롭고 차별화된 전략이 나오기 어렵기 때문에 4P의 다른 요소인 유통과 촉진을 포함하여 좀더 포괄적인 입장에서 가격 할인을 살펴볼 필요가 있다. 따라서 종합적인 마케팅 믹스의 결과물로 가격 할인을 새롭게 이해하고 궁극적으로 소비자를 설득하기 위한 브랜드 이미지와의 관계를 살펴보고자 한다.

제품 + 가격 + 촉진을 통한 가격 할인

많은 패션 브랜드가 현재 매장의 재고를 소진하고 현금 유동성 확보를 위해서 정기적으로 혹은 일시적으로 가격 할인을 실시한다. 특히 패션상품의 경우 계절이 변하는 시점에 정기적인 할인 행사를 자체적으로 결정하거나 유통업체의 특별한 요구를 통해서 할인 행사가 이루어지는 경우가 많다. 보통 브랜드들은 상품의 판매 추이를 통해서 정기 세일의 기간을 조절하거나 특별 세일을 결정하는 등 상품이 만들어진 이후에 주로 가격 할인의 내용을 결정한다. 그러나 상품 가격의 할인이라는 측면에서 볼 때, 상품 자체와 아무런 관련이 없으며, 직접적인 가격 할인을 표시하지 않으면서 간접적으로 상품의 가격을 조절하고, 고객을 선별하여 소비를 유도할 수 있는 기능을 가진 촉진 도구를 볼 수 있다. 할인 쿠폰이나 상품권, 그리고 적립금 제도 등이 대표적이며, 이들은 역설적으로 촉진 기능을 포함한 일종의 가격 할인이라고 할 수 있다.

할인 쿠폰의 경우는 고정된 금액을 할인해 주거나 특정 비율(%)의 금액을 할인해 주는 방식이 있다. 패션 기업은 목표 시장의 소비자를 충성도 등의 기준을 통해 여러 집단으로 구분하여 할인율을 각각 다르게 혹은 같게 책정하여 할인 쿠폰을 제공할 수 있으며, 쿠폰은 소비자를 매장으로 유입시키는 역할을 한다. 상품권의 경우는 상품의 제공에 앞서서 유가증권을 판매한다는 선행 판매의 입장에서 상품권을 발행하는 해당 업체가 상품권에 제시된 금액보다 일정 금액을 할인하여 소비자에게 판매하는 경우가 많다. 또한 상품권 시장의 특수성에 따라서 제조업체가 원하지 않더라도 소비자가 권면금액보다 싸게 구입하여 상품 구매에 사용할 수 있기 때문에 간접적인 할인 효과가 발생한다. 한편, 적립금 제도는 즉시 적립이라고 하여 구매 금액의 일부를 적립하여 구매와 동시에 사용할 수 있게 하는 경우도 있으나 일반적으로 구매시에 구매 금액의 일정 비율을 적립해주고 다음 구매부터 사용할 수 있는 제도다. 따라서 구매 당시에 직접적 가격 할인이 아닌 간접적 가격 할인의 효과를 제공하여 심리적 가격 할인 효과를 주기도 하며, 추후에 반복적이고 고정적인 상품 구매를 유도할 수 있다는 장점이 있다. 이들은 유사한 효과를 가지고 있으나 준비하는 과정에서 차이가 있으므로 패션 브랜드와 유통업체에서 자신의 상황에 적절한 방식을 모두 혹은 부분적으로 채택할 필요가 있다.

그러나 촉진 전략과 가격 할인을 잘못 통합할 때는 남발된 할인권, 지나치게 낮게 거래되는 상품권, 수익 기반을 무너뜨리는 과도한 적립금 등으로 인해 수익성마저 떨어뜨리거나 브랜드 이미지를 훼손시킬 수도 있다는 점을 기억해야 한다. 실제적으로 정기 세일과 같이 기존의 가격 할인 전략과 맞물리는 경우 할인 쿠폰이나 상품권의 중복 할인을 허락할 것인가와 같은 문제는 수익 발생과 직결될 뿐만 아니라 소비자와의 신뢰 관계 형성에 중요한 문제이므로 신중하게 결정할 필요가 있다.

제품＋가격＋유통을 통한 가격 할인

앞서 말한 바와 같이 가격 할인 전략은 촉진 기능을 추가함으로써 다양하게 변화된 전략으로 사용될 수 있을 뿐 아니라 유통 전략과 접목해서 생각할 수 있는데, 구체적인 예로 상설 할인매장으로 유통을 다각화하는 경우가 있다. 최근 상설 할인매장의 운영을 늘리는 패션 브랜드들이 많아지고 있는데 이는 예전처럼 단순히 이월 재고의 판매를 위한 공간이 아니라 기존의 가격 할인에 유통을 포함시킨 전략적인 시도로 이해할 수 있다. 정상 가격으로 패션상품을 판매하는 브랜드 점포가 정기 세일과 유통업체의 요구에 의한 할인 행사를 반복하는 과정에서 소비자들이 점차 상품의 정상 가격을 의심하게 되자, 장기적인 입장에서 소비자의 의심이 매출 감소나 브랜드 이미지의 훼손으로 연결되는 것을 막기 위해 여러 브랜드들이 도시의 외곽이나 정상 운영 점포로부터 떨어진 곳에 상설 할인매장을 오픈하거나 아울렛 쇼핑몰에 입점하고 있다. 이러한 현상은 결국 '언제나 할인'이라는 가격 할인의 개념을 유통이라는 마케팅 믹스에 적용한 것으로 해석할 수 있다. 물론 일부 패션 브랜드의 경우에는 백화점 중심의 유통 구조를 탈피하여 수익의 유통 경로를 다각화할 수 있다는 점과 직접적 가격 할인의 장소를 이원화함으로써 해당 점포의 브랜드 이미지를 유지할 수 있다는 장점 때문에 상설 할인매장 확장에 힘쓰고 있기도 하지만, 가격 할인과 유통의 조합이라는 사실에는 변함이 없다. 한편 유행 주기와 상품의 공급 주기가 빨라지면서 소비자들 가운데 약간의 유행을 희생하고 가격적 혜택을 원하는 가치 지향적인 소비자가 증가한 것도 유통 전략이 가격 할인 전략에 본격적으로 포함될 수 있는 하나의 요인이다. 또한 상설 할인매장을 늘리면서 각종 할인 쿠폰, 상품권, 적립금의 사용을 줄이고 중복된 가격 할인을 제한하여 자칫 남발하기 쉬운 가격 할인과 촉진의 조합 전략을 통제하거나 적절히 조절하여 시너지 효과를 창출할 수도 있다.

가격 할인 전략의 종합적 이해

가격 할인은 제품과 가격 그리고 유통과 촉진이 종합된 마케팅 전략으로 이해해야 하고 필요에 따라서는 기존의 가격 할인 전략에 유통과 촉진의 기능을 더하거나 빼야 한다. 만약 가격 할인을 여전히 제품과 가격의 믹스로 보고 상품의 공급과 수요에 따라 가격 인하의 시기적인 측면에서만 접근한다면, 예측하지 못한 계절의 변화나 예상보다 심한 경기 침체 등으로 예년보다 판매가 부진하여 많은 재고가 발생한 경우에는 정기 세일 혹은 특별 세일을 통해서 단지 소비자들이 상품을 많이 사주어서 재고가 소진되기를 바라거나 세일의 기간 혹은 세일의 비율(%)을 늘리는 방법에 우선적으로 의지할 수 밖에 없게 된다. 이러한 과정에서 브랜드 이미지는 점차 손상되고 수익은 장기적으로 악화되는 악순환이 반복될 것이다. 따라서 사고의 전환을 통해서 개별적인 가격 할인 전략이 아니라 유통 전략과 촉진 전략이 합쳐진 종합적 마케팅 믹스로서 가격 할인 전략을 이해하여 주어진 시장 상황에 맞는 탄력적인 가격 할인 전략으로 변화시켜 다른 마케팅 전략과 함께 유기적으로 대처할 필요가 있다.

결국 가격 할인을 하는 이유는 수익률을 낮추고 판매를 늘려 전체 수익은 높이고자 하는 것이므로 종합적 마케팅 믹스로서의 가격 할인 역시 이러한 근본적인 목적을 추구해야 한다. 또한 그 과정에서 브랜드 이미지가 훼손되는 것은 최대한 막아야 하는데 브랜드 이미지 역시 매출과 수익에 직결되는 요소이기 때문이다. 그러나 한 가지 분명히 이해해야 하는 것이 있는데 가격 할인이 브랜드 이미지에 부정적인 영향을 미치는 것은 사실이지만, 단순히 가격 할인을 하기 때문에 브랜드 이미지가 떨어지는 것은 아니라는 것이다. 예를 들어 해외의 명품 브랜드들도 일년에 2차례 정기 세일에서 50% 이상의 가격 할인을 실시하고, 상설 할인매장도 많이 가지고 있지만 브랜드 이미지가 낮은 것은 아니다. 이들 브랜드는 정기 세일을 통한 가격 할인이 오히려 소비자들에 대한 서비스로 인식될 수 있게 노력하고 상설 할인매장도 고급스러움을 유지하며, 할인 행사 기간에 매장 내에 입장하는 소비자의 수를 제한하여 쾌적한 쇼핑이 될 수 있도록 하는 등 소비자를 배려하기 때문에 소비자들은 이들 브랜드가 여전히 명품이라고 인식하는 것이다. 따라서 많은 패션 브랜드들이 가격 할인 전략에 대한 사고를 전체 마케팅 믹스로 확장하여 종합적으로 이해하고 현실에 적절히 적용할 때 수익과 재고의 균형을 유지할 수 있으며 브랜드 이미지 또한 제고할 수 있을 것이다.

chapter 3

소비자의 입장에서
패션마케팅 전략 따라잡기

소비자의 입장에서 패션마케팅 전략 따라잡기

들어가기 : 소비자의 눈높이로 시장을 보라

서울 명동의 한 브랜드 점포에서 5년째 캐주얼 웨어를 판매하고 있는 A씨는 어제 매장에서 있었던 일을 생각하면 얼굴이 화끈거려서 후배 사원들의 얼굴을 대하기가 민망하다. 패션 1번지라는 명동에서 몇 년째 누구보다 빨리 패션 정보를 접하고, 패션 감각이 넘치는 고객들을 대하면서 이제 유행 스타일의 변화나 유명 브랜드는 물론 각종 코디네이션 등에 관해서는 베테랑이 다 되었다고 자부해 왔다. 그러나 어제 상품을 고르는 고객들이 나누는 이야기에 자연스럽게 한두 마디 끼어들었다가 후배들 앞에서 망신만 톡톡히 당했다. 고객들이 너무나 당연하게 말하는 재킷 소재의 특성에 대해서 제대로 알지도 못했고, 우리 브랜드와 스타일이 비슷하다고 말하던 브랜드에 대해서는 들어보지도 못했기 때문이다. 친환경 소재, 천연 염색을 이용한 꽤 고가의 브랜드라고 했는데 낯설어서인지 듣고도 잊어버렸다. 그런데 A씨는 문득 이상한 생각이 들었다. 매일 다양한 패션상품을 접하고, 틈만 나면 새로운 패션 정보를 찾고 확인하는 나보다 주말에 쇼핑하러 나온 그저 평범해 보이는 고객들이 어떻게 더 많은 패션 정보를 아는 것일까? 아무리 봐도 패션 회사에 다니거나 패션에 관련된 일을 하는 것처럼 보이진 않는데 말이다. 혹시 부업으로 인터넷 패션 쇼핑몰이라도 운영하는 사람들이었을까?

B패션회사의 AS 센터에서 근무한지 올해로 10년이 되는 C과장은 근래에 급증하는 각종 소비자 클레임으로 머리가 아프다 못해 만성 두통으로 고생하고 있다. 여러 가지 이유로 소비자들이 클레임을 제기하는 것은 물론 실제로 교환이나 환불을 해주는 사례가 부쩍 늘었기 때문이다. 며칠 전에도 10만 원짜리 구두를 구입해서 17개월 정도 신은 소비자가 상품 불량 및 서비스 불만을 이유로 환불을 요구했는데, 결국 합의 끝에 80%에 해당하는 금액을 상품권으로 내주었다. 구두에서 가끔 물이 샌다는 것이 이유였는데, 고객은 원래 상품이 불완전했거나 수선이 제대로 이루어지지 않은 것이 문제의 핵심이라면서 두 가지 이유 모두 B회사의 책임이며, 2차례 수선에도 같은 문제가 발생하여 더 이상 수선을 신뢰할 수 없어서 해당 상품에 대해 100% 환불을 요구한 것이다. 그래도 17개월이나 이용하지 않았냐고 묻자, 17개월을 참고 견뎌왔다면서 대기업의 서비스 불량에 대해 소비자 보호단체나 인터넷 게시판에 올려 평가를 받겠다는 고객의 대응에 더 이상 할 말이 없었던 C과장은 그동안 상품 사용에 대한 비용을 주장하고 설득하여 간신히 20%의 금액을 줄일 수 있었다. 예전에는 이 정도 신은 구두라면 문제가 생겨도 본인의 책임으로 생각하고 회사에 무언가 요구할 생각을 하지 않았는데 요즘 소비자들은 어떻게 100% 환불을 주장할 수 있을까? 소비자들에게 과연 무슨 일이 생긴 걸까? C과장은 당당하게 상품권을 받아 나가는 고객의 뒷모습을 보면서 왜 그럴까, 왜

그럴까 하고 자꾸만 궁금해졌다.

최근 소비자들은 유행 스타일의 변화 만큼이나 빠르게 변화하고 있다. 아니 원래 다양한 소비자들이 존재했고 많은 이야기들을 해 왔지만, 자신들이 듣고 싶던 이야기만 듣던 패션 기업들이 최근에서야 소비자의 여러 목소리에 귀를 기울이기 시작했는지도 모른다. 인터넷을 통해서 정보들을 손쉽게 공유하면서 많은 소비자들이 댓글이나 커뮤니티 등을 통해 상품에 대한 자신의 의견을 공식적 비공식적으로 주장하고 때에 따라서는 합리적인 방식으로 한목소리를 내기도 한다. 쇼핑을 하면서 동시에 쇼핑몰을 통해 판매를 하는 소비자들도 많이 늘어났고 패션상품과 환경 파괴, 패션상품 제조와 윤리 등과 같은 말이 소비자들 사이에서 회자되고 있다. 과연 소비자들은 무슨 생각을 하고 있는 것일까?

chapter 3에서는 패션 기업에서 구사하는 다양한 패션마케팅 전략에 대한 소비자들의 반응을 살펴보고 기존과 달라진 소비자들의 쇼핑 방식이나 소비자로서의 정당한 권리를 주장하는 패션 소비자들의 움직임에 대해서도 알아보고자 한다.

소비자 불평행동에 관한 구조적 접근

소비자들은 구매한 상품의 가격이나 품질 등이 기대에 비해 만족스럽지 못하거나 일반적인 수준과 비교해서 현격한 차이가 있을 때, 또는 해당 상품에 대해서 만족한다고 하더라도 구매하는 과정이나 구매 이후의 사용 과정에서 일정 수준 이상의 불편을 경험한다거나 손해가 발생하는 경우에 상품을 공급한 유통업체 혹은 제조업체에 대한 불만을 표현한다. 이러한 개인의 불평행동(complaint behavior)은 개인의 수준에서 해당 상품이나 브랜드에 대한 좋지 않은 감정을 가지는 정도로 마무리되는 경우가 대부분이며 구전을 통해 소비자의 주변에 한정적으로 알려질 수도 있다. 그러나 불만족 수준이나 손해 발생의 경중에 따라서 해당 브랜드에 대한 공식적인 항의, 또는 구매 단절과 같은 구체적 행동으로 연결될 수 있으며 나아가 비구매운동이나 소송과 같은 공식적인 행동으로 이어지기도 한다.

특히 TV 홈쇼핑이나 인터넷 쇼핑몰 등을 통한 쇼핑이 활성화되면서 상품을 직접 만져보거나 경험해 볼 수 없다는 온라인 쇼핑의 특성으로 인해 소비자들이 구매한 상품에 대해 만족하지 못하는 비율이 높아졌다. 오프라인 쇼핑에서의 절차와 비교할 때, 온라인 쇼핑에서는 상품 구매를 결정하는 시점에서 실제 상품을 받아보는 시점까지의 과정이 길어지면서 해당 상품의 재고부족이나 배송 과정에서의 문제와 같이 소비자 불평행동이 발생할 수 있는 여지가 커졌다. 또한 이전에 비해 기업과의 관계에서 소비자의 위상이 높아졌고, 소비자들도 인터넷 등을 통해서 보다 쉽게, 적극적으로 권리를 주장하면서 소비자 불평행동은 단순한 상품이나 서비스에 대한 불만을 넘어서 소비자 권익의 보호와 증진이라는 측면으로 발전하고 있는 것이 현실이다. 이러한 시점에서 패션상품을 구입하는 소비자들이 갖는 불평행동의 원인과 해결 방안을 체계적으로 확인할 필요가 있으며, 먼저 소비자 불평행동의 개념을 확인하고 유형화하여 살펴보고자 한다. 또한 불평행동의 원인과 관련된 이론적인 내용을 검토한 후에 기업은 소비자 불평행동을 어떻게 받아들이고 대응할 것인가에 관한 실천적 방법을 모색하고자 한다.

소비자 불평행동의 개념과 유형

소비자 불평행동이라고 하면 구매 과정과 구매한 상품, 서비스의 불만족에 대한 고객의 총체적인 반응으로 볼 수 있다. 불만족의 사례가 다양한 만큼 여러 수준의 불평행동이 있을 수 있는데, 불만을 표현하는 행동과 대상에 초점을 맞추어 제품이나 서비스에 관한 부정적인 정보를 제조 기업이나 판매상 또는 소비자 보호 단체 같은 제3자 기관에 전달하는 실질적 행위만을 불평행동으로 한정하기도 한다. 그러나 현실에서는 상품이나 서비스에 대한 불만족으로 비우호적인 태도가 형성되었지만 아무런 행동을 취하지 않거나 단순히 주변 사람들에게 부정적인 구전을 하는 소비자들이 여전히 많은 수를 차지하고 있다. 따라서 불평행동은 소비자가 부정적 태도를 가지거나 주변에 불만을 토로하는 것을 포함하여 해당 상품의 교환, 수선, 환불과 같은 보다 구체적인 행동, 그리고 소비자 보호단체나 언론에 대한 신고, 법적 고발 조치 등과 같은 적극적인 행동을 포괄하는 것으로 보아야 한다. 불평행동의 수위를 기준으로 부정적 태도 형성(개인적 태도)과 언어를 통한 불평행동(항의, 부정적 구전), 그리고 행동을 수반한 불평행동(환불, 배상 요구, 소비자센터에 도움 요청, 법적 조치)으로 분류할 수 있다. 일반적으로 옆의 표와 같이 소비자 불평행동은 구체적 행동의 유무와 행동의 개입 범위에 따라서 유형화할 수 있으며, 태도에서 행동으로 진행될수록, 개인적 수준에서 공적인 개입이 이루어질수록 불평행동의 강도는 커지고 적극적인 행동으로 구체화되는 것을 볼 수 있다.

부정적 구전과 구매 중단과 같은 사적인 행동은 불만을 가진 소비자가 해당 브랜드나 기업과의 관계를 일방적으로 단절하기 때문에 문제 해결을 위해 기업에서 접근할 수 있는 직접적인 방법이 없다. 그러나, 항의나 법적인 조치와 같은 소비자의 공적인 행동은 불평행동에 대한 원만한 해결을 통해 해당 소비자와 관계를 회복할 수 있는 가능성이 열려 있다. 소비자들이 납득하는 모범적인 문제 해결은 크게는 언론을 통해서, 작게는 소비자들 사이의 구전을 통해서 사적인 행동을 하는 소비자에게 간접적으로 긍정적인 영향을 줄 수 있으므로 공적 행동에 대한 효과적인 대처가 모든 불평행동에 영향을 줄 수 있다는 것을 기억할 필요가 있다.

또한 실질적인 불평행동을 유발하는 원인으로 해당 상품이나 서비스에 대한 소비자의 관여 수준, 불만족과 불평행동의 과정 속에서 소비자가 처한 감정적 상태, 그리고 현실적으로 불평행동에 따

● 소비자 불평행동 유형

불만족					
비행동	사적 행동		공적 행동		
↓	↓	↓	↓	↓	↓
침묵, 부정적 태도 형성	주변에 부정적인 구전	구매 중지 구매 전환	회사에 교환, 환불 등의 요구	공공단체에 민원 등의 항의 조치	배상을 위한 법적 조치

소비자의 적극적인 의견 개진 및 행동 실천 증가

른 목적의 성공 가능성을 들 수 있는데, 소비자의 관여 수준, 감정적 동요, 성공 가능성이 모두 높을 때, 불평행동이 보다 구체적 행동으로 구현될 가능성이 높아지는 것으로 본다.

불평행동의 원인과 해결

소비자의 불평행동은 상품이나 서비스에 대한 불만족에서 출발하기 때문에 불만족이 발생하는 이유를 먼저 살펴볼 필요가 있다. 소비자는 구매를 통해 얻을 수 있는 성과에 대해 기대를 하게 되고, 구매 및 사용을 통해 얻은 실제 성과를 기대 수준에 비교하게 된다. 기대불일치 이론(expectancy-disconfirmation theory)에 따르면, 이때 상품이나 서비스에 대한 만족과 불만족은 소비자의 기대에 대한 성과의 수준에 달려있다. 따라서 성과가 기대에 미치지 못한 경우는 부정적 불일치, 상품에 대한 기대만큼 성과가 있는 경우는 단순한 일치, 성과가 기대 이상인 경우를 긍정적 불일치로 볼 수 있다. 단순한 일치나 긍정적 불일치는 성과가 기대 이상이므로 기대는 만족으로 이어져 불평행동을 유발하지 않으나, 부정적 불일치의 경우에는 성과가 기대에 못 미쳐서 기대는 불만족으로 이어지고 불평행동의 원인이 된다는 것이다. 기대와 성과의 관계는 불평행동의 진행 과정에서도 나타나는데 불평행동을 통한 문제 해결의 기대와 성과가 어느 정도 일치하는가에 따라서 소비자 행동의 수위나 보상 수준이 달라질 수 있다.

우리가 어떤 행동의 결과를 설명할 때, 이따금 결과를 유발한 원인이 어디에서 시작되었는지를 찾게 되는데 귀인이론(attribution theory)은 문제의 원인을 어디에 귀속시키는가에 초점을 맞추고 있으며 소비자가 문제 발생의 원인, 불만의 원인을 어디에 두는가

118

에 따라서 불평행동이 결정된다고 본다. 소비자가 스스로를 문제의 원인이라고 인식하는 경우를 내적 귀인으로, 제조업체나 유통업체를 문제의 원인이라고 보는 것을 외적 귀인으로 볼 수 있다. 문제 발생의 원인은 복합적인 경우가 대부분이기 때문에 일반적으로 소비자들이 내적 귀인을 보다 많이 인식할수록 불평행동은 약화되고 외적 귀인이 커질수록 불평행동은 증가한다. 그러나 소비자들이 외적 귀인을 인식했다고 하더라도 해당 패션상품이나 브랜드, 기업에 대한 신뢰도가 높은 경우에는 단순한 실수 혹은 상황을 탓하여 적극적인 불평행동으로 연결되지 않기도 한다. 귀인이론과 불평행동의 관계를 종합해 보면, 소비자가 자신의 과실을 적게 인식할수록, 또한 제조업체나 유통업체 측의 책임이 클수록 내적 귀인보다 외적 귀인이 정당하다고 인식하며 불평행동은 커진다고 할 수 있다. 문제 발생의 상황이 명확하여 책임 소재가 분명할 때 귀인은 문제 해결에서 큰 역할을 차지한다.

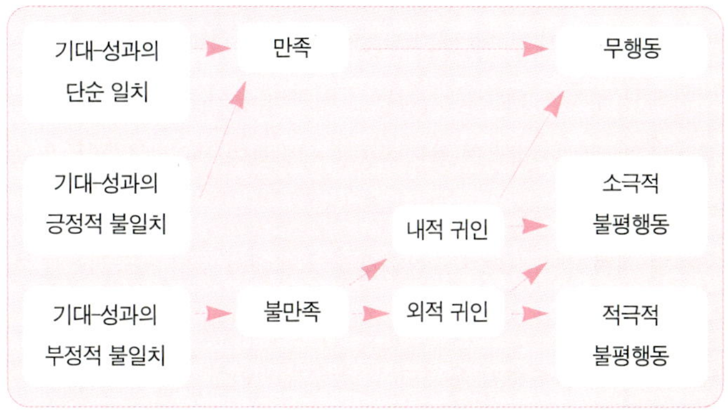

불평행동에 대한 구조적 접근

제조업체나 유통업체에 대해 불만을 적극적으로 표현하고 적절한 보상을 요구하는 소비자가 점차 증가하고 있고 심지어 허위로 불평행동을 일삼는 소비자들도 있으나 아직까지 적극적인 불평행동을 하는 소비자들은 소수에 불과하다. 이러한 불만의 내용을 특정 소비자의 문제로 한정할 수도 있다. 하지만 한 가지 사건이 발생하더라도 여러 개의 잠재된 소비자 의견이 수면 위로 올라온 것으로 받아들이는 것이 총체적인 입장에서 불평행동을 이해하는 데 적합한 시각이라고 할 수 있다. 이러한 관점에 의거하여 소비자 불평행동을 효과적으로 처리하기 위해서는 전체 불평행동을 구조적으로 분석하고 접근하여 해결을 모색하는 전략과 개별적인 불평행동에 대한 효율적인 대응책을 동시에 강구해야 한다. 제기된 모든 불평행동들의 관련성을 검토해서 이면에 자리잡은 문제 발생의 공통적 원인을 찾아내고, 문제를 본질적으로 해결할 수 있는 구조화된 관리 체계를 마련해야 한다. 이는 불만족이나 불평행동을 가중시키는 공통적 원인을 밝혀서 제거하는 체계를 마련하는 것이다. 개별적인 문제 해결에 앞서 문제의 근원을 처리함으로써 장기적인 입장에서 부정적 태도를 가지는 소비자의 증가를 막고 동일한 원인으로 발생하는 적극적 불평행동을 예방하여 사적 불평행동을 줄이는 데도 간접적인 도움이 될 수 있다.

한편 개별적인 소비자의 불평행동 처리에서 보다 적극적이고 객관적인 대처가 요구된다. 많은 소비자들이 기대-성과의 부정적 불일치로 인해 만족하지 못하고 불만족의 원인이 외부에 있는 경우에 불평행동을 시작한다. 특히, 해당 브랜드의 대응이 소비자의 반대 입장에 있다고 지각할 때 감정적 행동이 강해지는 경우가 많기 때문에 불평행동에 대해 초기에 고객의 입장에서 접근하는 것이 필요하다. 그리고 소비자의 입장에서는 불평행동 처리 과정이 무조건적으로 고객을 옹호하는 것보다 객관적으로 공평하다고 느낄수록 결과에 대한 만족도가 높아지기 때문에, 담당자에 따라 달라지는 주먹구구식의 보상이 아닌 누구나 납득할 수 있고 공정한 보상을 받을 수 있는 합리적인 보상 체계를 마련할 필요가 있다.

또한 소비자가 원하는 보상의 형태를 취하는 것이 요구된다. 예를 들어 소비자가 상품의 교환을 원하는 경우, 기업의 입장에서 할인 쿠폰이나 적립금 형태를 통한 문제 해결을 주장한다면 비용은 조금 아낄 수 있을지 모르나 고객을 잃을 수 있다는 것을 기억해야 한다. 물론 이러한 적극적인 대처가 불평행동의 성공 가능성에 대한 기대를 높여서 더 많은 불평행동을 유발한다고 우려할 수도 있다. 그러나, 보험회사가 많은 보험금의 지불 사례를 광고한다고 해서 보험 사기가 증가하지 않으며 오히려 고객에게 믿음을 주는 것과 같이 정당한 불평행동에 대해 적절한 보상을 해준다는 인식이 확립될 때, 기업은 불평행동에서 얻은 결과를 통해 상품이나 서비스의 제공에서 구조적인 과실을 줄이고 소비자 신뢰를 확보할 수 있다. 또, 소비자 서비스를 효과적으로 개선할 수 있는 기회를 얻을 수 있고, 반대로 과실 있는 소비자의 억지스러운 불평행동이 줄어들어 보다 나은 고객 서비스에 집중할 수 있을 것이다.

본질적으로 소비자 불평행동을 관리하는 목적은 소비자 만족을 통해 지속적으로 고객을 유지하는 것이므로, 기업의 원칙이 손상되지 않는 범위에서 판매 이전의 마케팅뿐만 아니라 판매 이후의 고객 관리에 보다 집중하여 소비자의 불만족을 줄여야 할 것이다. 만족이 언제나 상품의 구매로 이어지지는 않지만 불만족은 구매

중단이나 브랜드 전환으로 연결되기 훨씬 쉬우며 이는 즉각적으로 고객을 잃는다는 것을 의미하기 때문이다. 한편 '불평행동' 이란 용어도 기업의 입장을 강력하게 반영하여 소비자의 정당한 권리 주장도 일종의 불만이라고 평가하는 느낌이 강하기 때문에 '권리 추구 행동' 이나 '권익보호 행동' 과 같이 소비자의 시각에서 접근한 용어로 대체할 필요가 있다.

인터넷 쇼핑몰 창업과 운영 전략

유가 상승, 고용 불안 등의 장기화된 경기 불황으로 인해 오프라인 점포 개설에 대한 부담을 줄이고 소규모의 자본을 통한 창업으로 경제적 위험 부담을 최소화할 수 있다는 이유로 온라인 상에 점포를 개설하는 사람들이 늘고 있다. 특히 기성 세대에 비해 인터넷에 익숙한 20~30대 젊은 층의 인력들이 취업난을 피해 자기 사업을 시작하고 있고, 많은 학생들이 전공과 관련한 경험을 쌓고 용돈을 벌기 위해서 혹은 가정주부들이 집에서 할 수 있는 부업으로 인터넷을 통해 창업을 하고 있다. 인터넷에서 패션상품을 판매하는 경우, 소량의 재고를 가지고 시작할 수 있어 재고 부담이 적고, 다른 품목에 비해 상대적으로 마진이 높으며 오프라인에 대비하여 시장 점유율이 꾸준히 확대되고 있는 분야이기 때문에 처음 인터넷을 통해 사업을 시작하는 소규모 창업의 대표 아이템으로 자리잡고 있다. 뿐만 아니라 방송 매체에서도 패션상품 판매를 통한 인터넷 쇼핑몰의 성공 사례를 종종 소개하고 있어 많은 관심과 창업이 이루어지고 있다.

그렇다면 이처럼 개인이 패션상품과 같은 아이템을 통하여 인터넷 쇼핑몰을 운영하는 것은 어렵지 않은 일이며 과연 지속적인 수익 창출이 가능한 것인가? 대규모 포털 사이트나 패션 기업의 인터넷 쇼핑몰과의 경쟁에서 어떻게 살아남을 수 있을 것인가? 그렇다면 어떤 방법을 통해서 인터넷에서 쇼핑몰을 운영하는 것이 효과적인가? 이러한 물음에 답할 수 있도록 전반적인 인터넷 쇼핑몰의 현황을 살펴보고 기업이 아닌 개인의 입장에서 효과적인 인터넷 패션 쇼핑몰의 운영 전략을 알아보고자 한다.

인터넷 쇼핑몰의 현황

먼저 전체 인터넷 쇼핑몰의 매출액 추이를 살펴보면 2007년에는 전체 거래액이 15조를 넘어 15조 7,655억 원을 돌파했으며 2000년대 초반의 폭발적인 성장세는 줄어 들었으나 2008년에도 두 자릿수 성장이 가능할 것으로 보여 전년 대비 2조 원 가량이 늘어난 17조 원을 넘어설 것으로 추정된다. 또한 의류 패션상품의 거래액 역시 2005년 1조 5,831억 원에서 2006년 2조 3,719억 원으로 전체 거래액의 증가 비율보다 2배나 높은 상승율을 보였고, 2007년에는 2조 7,139억 원을 넘어 2008년에는 3조 원 이상을 달성할 것으로 예상할 수 있다. 2008년 전체 의류 시장의 매출 규모는 기관에 따라 23조 원 안팎으로 전망되므로 이는 전체 시장의 13% 정도에 해당하는 수치다. 종류나 브랜드에 따라 차이는 있으나 사실상 인터넷 쇼핑몰이 전체 시장에서 큰 부분을 차지하고 있다는 것을 확인할 수 있다. 또한 온라인 시장에서 전체 거래액과 의류 패션상품의 거래액 비율도 2005년 14.83%에서 2006년에는 17.62%로 증가했으며, 2007년에는 17.21%로 의류 패션상품의

항목/연도	2001	2002	2003
전체 거래액	3조 3,470억 6,700만원	6조 298억 7,600만원	7조 548억 1,700만원
의류 패션 거래액	1,755억 500만원	5,374억 400만원	7,299억 3,400만원
의류 패션 점유비(%)	5.24	8.91	10.35
전체 거래 증가율(%)	-	80.15	17.00
의류 패션 거래 증가율(%		206.20	35.83

2004	2005	2006	2007
7조 7,681억 500만원	10조 6,755억 9,500만원	13조 4,595억 9,500만원	15조 7,655억 7,300만원
9,338억 300만원	1조 5,831억 100만원	2조 3,716억 5,800만원	2조 7,139억 9,000만원
12.02	14.83	17.62	17.21
10.11	37.43	26.08	17.13
27.93	69.53	49.81	14.13

(통계청, 사이버 쇼핑몰 거래 보고서, 2008년 1월)

점유율은 거의 유사한 수준에 머무르고 있으나 2006년부터는 인터넷 쇼핑몰의 17개 분야 가운데 의류 패션 분야가 시장 점유율 1위를 기록하고 있어 인터넷 쇼핑몰이 기존의 가전, 컴퓨터 주변기기 외에 패션 관련 상품에 주력하고 있음을 알 수 있다.

개인사업자로 등록한 전체 인터넷 쇼핑몰의 평균 매출액을 살펴보면 2005년부터 매출액이 급격하게 증가하면서 2007년에는 3,000억 원을 넘어섰다. 그 사이에 개인사업자가 운영하는 쇼핑몰 수는 2005년에 2,260개에서 2007년에는 2,729개로 약 20% 증가하였으나 매출액은 2005년에 비해 약 43%가 신장하여 개인사업자의 사업자별 거래액이 증가하고 있다는 것을 알 수 있다. 실제로

● 개인사업자의 쇼핑몰 거래 현황

항목/연도	2001	2002	2003
전체 거래액	664억 300만원	1,315억 9,300만원	1,391억 3,300만원
전체 거래 증가율(%)	-	98.17	5.73
사업자 수	867	1,142	1,737
사업자 연평균 거래액	7억 6,600만원	11억 5,200만원	8억 100만원
사업자 월평균 거래액	640만원	960만원	670만원

2004	2005	2006	2007
1,433억 9,700만원	2,164억 1,600만원	2,703억 100만원	3,115억 4,800만원
3.06	50.92	24.90	15.26
1.871	2.260	2.697	2.729
7억 6,600만원	9억 5,800만원	10억 200만원	11억 4,200만원
6,400만원	800만원	840만원	950만원

(통계청, 사이버 쇼핑몰 거래 보고서, 2008년 1월)

개인사업자의 연평균 거래액은 2006년에 1억 원을 넘었고, 2007년에는 1억 1,400만 원을 기록했다. 월 평균 거래액도 2007년을 기준으로 950만 원에 달하는 것으로 나타났다. 개인사업자당 연평균 거래액이 증가한다는 것은 개인사업자의 수익이 안정적으로 향상된다는 것으로 받아들일 수 있으나, 거래액 대비 평균 수익이 20~30% 정도 된다고 가정하면 실제 개인사업자들이 얻는 수익은 월 평균 200~300만 원이라고 할 수 있다. 그러나 여기에 20대 80의 법칙(Pareto's Law)를 적용한다면 상위 소득의 일부 개인사업자들에게 거래액이 편중되어 일반적인 개인사업자들의 수익은 더욱 낮은 수준으로 추정할 수 있다. 또 인터넷 쇼핑몰의 영세성을 고려할 때 개인사업자로 등록하지 않고 인터넷 쇼핑몰에 입점해 있거나 포털 사이트의 카페나 개인 홈페이지를 통해서 활동하는 경우를 포함하면 업체의 수는 늘어나고 상대적으로 월 평균 매출액은 줄어들어 많은 개인 업체들이 일정 수익 이상을 유지하기에는 상당한 어려움이 있을 것으로 예상할 수 있다. 또한 인터넷 쇼핑몰은 실제 근무 시간과 쉬는 시간이 따로 나누어져 있지 않고, 24시간 쇼핑을 하는 소비자들을 응대해야 하기 때문에 소득을 실제 근무 시간으로 나누어 따져볼 필요도 있다. 그렇다면 어떤 방법으로 인터넷 쇼핑몰을 통해 성공적으로 창업을 하고 수익을 창출하여 지속적으로 이를 유지할 수 있을까?

인터넷 쇼핑몰의 창업과 운영

인터넷 쇼핑몰을 창업할 때 아이템 선정, 비용 관리, 업무 시간 조정, 인원 관리 등과 같은 세부적인 내용도 중요하지만 먼저 큰 그림을 통해 접근하는 안목이 필요하다. 상품이나 사이트 차별화가 쉽지 않은 상황에서 브랜드마저 구별력을 갖기 어렵기 때문에 결국 고객에 대한 부분에서 다른 사이트와 차별화해야 한다. 흔히 개인이 인터넷 쇼핑몰을 운영할 때 가장 어려운 점으로 사이트의 홍보와 관리, 그리고 고객 관리를 이야기한다. 최근에는 홍보를 대행하고 인터넷 사이트 관리 프로그램을 제공하는 서비스 업체들이 늘고 있어 이를 이용할 수도 있으나 소규모 자본으로 창업한 경우에는 비용이 적지 않다는 점에서 이용이 쉽지 않고 특히 지속적인 홍보와 구전 활동은 인터넷 쇼핑몰 운영의 핵심이기 때문에 외부에 맡기기 어렵다. 따라서 최근에는 운영자가 주체가 되어 구매력을 가진 소비 집단을 독립적으로 확보할 수 있고 회원들이 사이트의 콘텐츠를 생산하는 인터넷 커뮤니티와 쇼핑몰을 접목하는 전략에 주목하고 있다.

인터넷 커뮤니티를 이용한 전략은 동호회가 중심이 되는 경우와 제품이 중심이 되는 경우로 나누어 볼 수 있다.

동호회가 중심이 되는 경우는 우선, 마술이나 특이한 애완동물 기르기 등과 같이 색다른 취미나 특정한 주제를 중심으로 운영자가 많은 정보를 제공하고 정기적인 온·오프라인 모임 등을 주관하여 회원들이 자발적으로 정보를 교환하고 이야기를 나누는 공간을 형성한다. 점차 모임의 주제와 관련해 필요한 상품, 즉 해당 사이트에서만 판매되는 차별화된 핵심 상품과 일반적으로 구매할 수 있는 차별화되지 않은 소모품을 자연스럽게 회원들에게 제공하여 매출이 일어난다. '이구아나를 기르는 모임'과 같이 우선 운영자가 특정 주제에 대한 해박한 지식이 있고 해당 주제와 관련해 구체적으로 제시할 수 있는 차별화된 상품이 존재하며 부가적인 소모품들을 직접적인 매출로 유도하는 것이 가능한 경우에 효과가 있다. 그러나 특정 주제에 대한 지식이 없더라도 '남자친구를 군대 보낸 여자들의 모임'과 같이 한정된 소비자의 특정 상황을 중심으로 동호회를 만들고, 해당 사이트를 반복해서 접속할 수 있도록 군대와 관련된 다양한 정보나 공감할 수 있는 콘텐츠를 독자적으로 제공하여 사이트가 일상화된 후에 이들이 필요한 상품들을 제공한다면 다양한 커뮤니티를 활용한 인터넷 쇼핑몰의 구축이 충분히 가능하다. 즉, 해당 주제에 관심이 높은 회원들을 얼마나 모을 수 있는지 여부와 어떻게 회원들을 구체적 상품들과 자연스럽게 연결시킬 수 있는가가 관건이라고 할 수 있다. 결론적으로 사이트 구성원의 요청에 의해 필요한 상품이나 서비스를 개시하는 것이 가장 바람직한 경우라고 할 수 있다.

상품 중심의 인터넷 쇼핑몰은 상업성을 전제로 하여 상품에 대한 독특한 아이디어를 통해서 회원에게 접근한다. 예를 들어 슈퍼 사이즈 전문몰에서는 차별화된 특대 상품을 제공하여 전문성을 확보하는 것이 우선 요구된다. 그러나 인터넷 쇼핑몰의 특성상 진입 장벽이 낮고, 유사한 인터넷 쇼핑몰이 출현하기 쉽다. 따라서 특정한 사이즈와 관련된 전문몰의 경우에는 해당 사이트가 목표 고객들의 커뮤니티로 활용될 수 있도록 돕거나, '키 큰 사람의 모임'이나 '체중이 많이 나가는 사람들의 모임'과 같이 특정한 커뮤니티와 결합하는 방법을 강구해야 한다. 고정적인 고객 집단을 확보하고 구전 효과를 일으켜 동일한 상황에 있는 다른 소비자들을 유입하여 구매 가능성을 높이고 지속적인 홍보를 할 수 있기 때문이다. 그러나 커뮤니티가 활성화된다고 하더라도 그 자체가 매출을 일으키는 것이 아니고 다른 유사 상품과 차별화된 상품의 제공이 가장 핵심적 요소이기 때문에 상품의 차별성을 유지하고 개발하는 것이 특별히 요구된다.

인터넷 쇼핑몰 창업에 대한 제언

인터넷 쇼핑몰을 시작하기 전에 먼저 '인터넷'이라는 도구적 차이가 쇼핑에 있어서 어떤 장점과 단점을 제공하는지를 명확히 인식하여 본인의 상황이 가진 강점과 약점에 따라서 이를 최적화해야 한다. 또한 대상 소비자를 충분히 파악하여 어떤 상품에 주력할 것인가를 결정해야 하며 결정된 주력 상품의 어떤 요소에서 경쟁력을 가질 것인가를 확인해야 한다.

예를 들어 대형 인터넷 쇼핑몰에 여성 캐주얼을 가지고 입점하여 불특정 다수의 소비자를 대상으로 하고자 하는 경우, 유사한 상품들 사이에서 가격 경쟁을 하다가 수익성 악화로 스스로 퇴출되는 경우가 대부분이다. 그러므로 상품 원가를 확실히 낮출 수 있거나 사진 촬영, 사이트 관리 비용 혹은 배송 비용을 획기적으로 줄이는 등 경쟁 사이트에 비해 상품이나 상품 외의 비용 절감에서 유리한 조건을 가지고 있어야 한다. 따라서 상기한 바와 같이 인터넷 커뮤니티를 활용하여 구성원들이 커뮤니티 주제와 관련하여 원하는 제품이 무엇인지 이해하여 구체적 상품으로 구현하고, 구매 빈도나 구매량, 특히 재구매 비율 등을 파악하여 최소한의 안정적인 수익이 발생할 수 있는 조건을 갖추는 것이 필요하다. 물론 창업을 위해 준비하는 시간은 많이 걸리겠지만 이러한 조건들을 갖추는 것이 인터넷 쇼핑몰을 통한 창업의 실패를 줄이고 성공에 다가설 수 있는 효과적인 방법이 될 것이다. 애견 패션상품을 판매하는 경우에도 다양하고 예쁜 디자인의 상품만을 올려놓은 인터넷 사이트에서 판매하는 것보다 다양한 애완견의 정보를 교환하고 사진이나 동영상을 제공하는 회원이 많은 인터넷 커뮤니티를 통해서 판매하는 경우에 인지도 확보나 상품 판매가 더 원활할 수 있다는 것은 쉽게 짐작할 수 있다. 판매 상품이나 커뮤니티 주제와 관련해서 흥미있는 내용이나 소중한 정보를 제공한다면 결국 구성원들이 해당 사이트에 머무는 시간과 방문 횟수를 늘릴 수 있고, 궁극적으로 커뮤니티나 쇼핑몰에 대한 충성도를 높여 상품 판매로 이어질 확률을 높게 만들 수 있다.

또한 인터넷 쇼핑몰의 운영자가 직접 커뮤니티에 관련되지 않았더라도 창업을 원하는 분야에 인터넷 커뮤니티들이 활성화되어 있다면 해당 커뮤니티들과 제휴하는 것도 좋은 방법이 될 수 있다. 이처럼 인터넷 커뮤니티를 활용하여 시장을 세분화하고 특정 고객에 집중하면 인터넷 쇼핑몰을 보다 안정적으로 만들고 지속적인 수익을 창출할 수 있는 여지가 크다. 그러나 많은 사람들이 유사한 전략을 사용하는 경우에 결국 경쟁은 심화될 수 밖에 없다. 따라서 초반에 특정 분야에서 안정적인 커뮤니티를 확보하거나 인터넷 쇼핑몰에서도 특정 주제에 관한 틈새시장을 개발하고 커뮤니티를 활성화하여 인터넷 쇼핑몰 자체를 하나의 브랜드로 키워내는 것이 궁극적인 차별화의 핵심이자 장기적으로 수익을 확보하는 방법이라고 할 수 있다.

그리고 본래 동호회 성격이 강한 경우에는 상업화에 대한 반발이 있을 수 있으므로 동호회의 본질적인 부분을 침해하는 수준까지 인터넷 쇼핑몰을 활성화하지 않는 것도 중요하다. 또한 인터넷 쇼핑몰을 홍보하기 위해서는 회원들을 위한 이벤트를 마련하고 즐길 수 있게 유도함으로써, 내부적인 가치를 강화하여 점차 외부에 알려지게 되는 점진적인 방법의 광고 방식을 활용해야 한다. 이는 내부 회원들에게는 해당 인터넷 쇼핑몰에 대한 충성도를 높이고 동시에 외부의 비회원들에게는 구전 효과를 증대시키는 효과가 있다.

마지막으로 온라인의 특성상 회원 간에 친목 도모나 정보에 대한 빠른 피드백이 원활하게 이루어질 수 있는 여건을 조성하고 큰 변화가 아니더라도 정기적인 업데이트나 회원 정보를 보호하는 조치 등은 동호회를 유지 발전시키고 인터넷 쇼핑몰을 활성화하는 중요한 요인이 될 수 있음을 기억해야 한다.

스타일과 브랜드를 고려한 상품의 선택

사회 전반에 걸쳐 패션에 대한 관심이 증가하고 있는 가운데 유행 스타일을 중요시하는 패션 산업 외에 전자, 통신, 건설 등과 같이 전통적으로 기술 집약적인 산업 분야에서도 디자인 중심의 기술 개발을 보다 강화하는 경향이 두드러지기 시작했다. 여전히 휴대폰이나 MP3 플레이어와 같은 디지털 제품에서는 소비자의 이성에 소구할 수 있는 상품의 기능적 측면이 중요하지만, 제조업체 간 첨단 기술의 격차가 줄어들면서 예전처럼 브랜드 간의 제품 차이를 구별하기가 쉽지 않아진 것도 사실이다. 기술과 기능의 차별화를 통해 브랜드의 위상을 높이던 유명 브랜드들도 '첨단' 이나 '디지털' 이라는 유사한 브랜드 이미지를 벗어나 이제는 스타일과 패션성을 강조하면서 다른 브랜드와 차별화를 유도하고 이성적인 측면이 아닌 소비자의 감성에 호소하여 새로운 브랜드 이미지의 창출과 더불어 소비자의 구매욕구를 자극하고 있다.

상품 선택기준의 변화

기존에 일관된 흰색의 컬러 때문에 백색가전이라고 불리던 냉장고, 세탁기, 에어컨과 같은 가전용품들의 구매 기준은 기능성이었다. 얼마나 빨리 얼음이 얼고 음식을 오래 보관할 수 있는지, 얼마나 세탁이 잘되는지 등이 중요하였다. 그러나 점차 브랜드 간의 기술력 수준이 유사해지면서 소비자들은 큰 차이를 인식할 수 없는 기능성에 의한 판단에서 벗어나 해당 제품들이 얼마나 외관상 괜찮아 보이는지, 실내 분위기나 유행에 얼마나 적합한지를 점차 고려하게 되었다. 그 결과 다양한 스타일과 컬러, 부가적인 기능들이 소비자들의 구매를 촉진하고 결정하는 역할을 하고 있다. 이렇듯 이제는 패션상품뿐만 아니라 기존에 기능성을 중요시했던 상품들에서도 스타일의 중요성이 부각되고 있다. 이는 기업이 여러 마케팅 전략을 통해 다양한 접점에서 소비자와 원활하게 의사소통하면서 기능 혁신 만큼이나 스타일의 변화를 통해서 소비자의 다양한 욕구를 만족시키는 것 또한 중요하다는 것을 이해하게 되었기 때문이다. 또한 본질적으로 변화를 추구하는 소비자의 취향이 여러 상품 영역에서 다양하게 나타나고 있고, 기업에서 다양한 소비자의 본질적인 기호를 상품 개발에 적극적으로 반영한 결과가 상품의 패션화이고 유행에 대한 반영이기 때문에 많은 산업 영역의 상품 평가에서 스타일이 차지하는 비중이 커지고 있다고 볼 수 있다.

상품의 패션화 경향은 소비자들이 휴대폰이나 MP3 플레이어를 구입할 때도 제품의 외관인 스타일을 1순위로 고려하는 것이 어색하지 않도록 만들었다. 또, 이러한 상품 선택 기준의 변화는 기능성이 중요한 공산품이나 가전제품 외에도 내구성이나 안정성이 중요한 자동차, 아파트 등을 고르는 데도 영향을 주고 있으며 맛이 중요한 식품 등의 선택에도 영향을 줄 것으로 예상할 수 있다.

고려상표군을 이용한 패션상품의 선택

물론 패션상품의 경우, 소비자들이 패션상품의 근원적 가치에 해당하는 스타일의 독특함이나 스타일의 유행성 등을 통해서 패션상품을 평가하고 받아들이기 때문에 스타일은 패션상품 자체를 구성하는 핵심 요소다. 또한 '브랜드'는 사회적 상징의 의미와 자아 표현의 수단이므로 브랜드 역시 다른 어떤 패션상품의 구성 요소보다 중요하다고 볼 수 있다. 소비자의 패션상품 선택 기준에 관한 연구들을 살펴 보면 구입하는 상품의 종류와 소비자의 특성에 따라서 다소간의 차이는 있으나 브랜드, 디자인, 색상, 치수, 가격, 소재 등등이 주요 선택 기준으로 나타난다. 특히, 어느 정도 가격이 있는 패션상품의 경우 품질이나 서비스에 대해서는 만족하기 때문에 결국 대중 시장에서는 디자인과 유행을 통해 구현되는 스타일과 품질 보증은 물론 사회적 상징의 의미를 가지는 브랜드가 패션상품 선택의 결정 요인이 된다고 할 수 있다.

소비자 행동 분야에서는 소비자가 특정 상품을 선택할 때, 제품군 내의 많은 브랜드 중 구매를 고려하는 소수의 몇몇 브랜드로 고려상표군(consideration set)을 형성하고 그 가운데서 디자인, 색상, 가격 등의 요소들을 통해 특정 브랜드를 선택한다고 한다. 이를 '상표선택 행위의 2단계 선택 모델'이라 하여 먼저 전체 브랜드에서 구매를 생각하는 소수의 브랜드로 구성된 고려상표군을 형성하고, 다시 고려상표군 가운데 특정한 상표를 선택하는 과정을 말한다. 그러나 이렇게 스타일을 브랜드 만큼 가치있는 요소로 평가하는 지금, 소비자 행동을 더 잘 이해하기 위해서 스타일을 브랜드 평가의 하위 요소로 그냥 두어야 할 것인지, 소비자들의 무게 중심이 실리는 쪽으로 이동하여 스타일에 대해 보다 가치있는 평가를 내릴 것인지 다시금 생각해 볼 필요가 있다.

소비자의 구매 결정 과정 : 2단계 선택모델

EKB 모델에 따르면 소비자 의사 결정 과정은 '문제 인식 – 정보 탐색 – 대안평가 – 구매 – 소비 및 구매 후 평가'의 5단계로 나눌 수 있다. 예를 들어, 보통 계절이 바뀌거나 특별한 상황을 위해 새 옷을 사야겠다고 마음 먹는 문제 인식 단계를 시작으로 과거의 구매 경험이나 기억 속에 저장된 브랜드를 떠올리거나, 잡지나 인터넷을 통해서 새로운 정보를 얻는 정보 탐색 과정을 통해서 소비자는 몇 가지 브랜드를 통해 최종적 구매 행동을 위한 대안을 형성한다. 그리고 대안 평가의 단계에서 고려상표군 내의 브랜드들을 평가하고, 자신의 욕구를 가장 잘 만족시키는 특정 브랜드를 선택하게 된다. 앞서 언급한 것과 같이 브랜드가 중심이 되고, 패션상품의 선택 기준들인 스타일, 품질, 가격 등의 요소들은 고려상표군 내에서 브랜드들을 평가하는 요소로 보는 것이다. 실제로 백화점이나 대리점이 밀집된 지역에서 쇼핑을 하면 같은 복종을 취급하는 브랜드별로 매장이 구성되어 있기 때문에 본인이 잘 알고 있는 브랜드를 중심으로 전체 혹은 부분적으로 매장들을 둘러본 후에 몇 개의 브랜드를 선택하게 된다. 그런 다음 그 안에서 나머지 패션상품의 선택 기준들을 통해 최종적인 브랜드를 결정하는 것이 자연스러워 보인다. 즉, 2단계 선택 모델에 따른다면 과거에 구매 경험이 있고 내가 좋아하는 브랜드들을 주로 둘러보고 그중에서 유행하는 스타일이나 맘에 드는 스타일을 고른다고 할 수 있다. 그러나 이렇게 브랜드를 중심으로 패션상품을 바라보면 패션상품의 핵심 요소라고 했던 스타일은 단순한 브랜드의 평가 요소에 지나지 않는 것일까? 또한 새롭게 생긴 브랜드들이 소비자의 선택을 받는 것은 어떻게 설명해야 할까? 따라서 여기서는 고려상표군의 형성에 따른 2단계 선택이 아닌 스타일-브랜드 고려군을 생각해 보고자 한다.

스타일 - 브랜드 고려군의 관점

소비자 의사 결정 과정에서 정보 탐색은 상품에 대한 정보를 얻는 과정을 의미하고 패션상품에서 정보 탐색이란 대부분 유행 스타일에 관한 것이다. 따라서 유행에 민감한 소비자의 경우에는 옷을 사야겠다는 순간에 이미 어떤 스타일을 사야 할 것인가를 결정할 수 있으며, 유행에 대한 정보를 갖지 않은 소비자는 인터넷이나 패션잡지 혹은 친구들을 통해서 대략적인 유행 정보를 얻는다. 설령 유행에 관심이 없는 경우에도 최소한 매장을 둘러보면서 디스플레이나 판매원으로부터 유행 스타일에 대한 정보를 얻고, 의식 혹은 무의식적으로 이를 통해 구매하고자 하는 상품의 구체적인 스타일을 결정하게 된다. 즉 여러 매장을 둘러 보는 소비자의 행동 속에는 브랜드에 대한 고려뿐 아니라 어떤 유행 스타일이 있는지를 구체적으로 확인하고 어떤 스타일을 구입할 것인가를 결정하는 과정이 존재한다. 이처럼 스타일을 브랜드 결정의 하위 요소가 아니라 브랜드와 동일한 위치에서 브랜드 결정 과정보다 선행하는 개별적인 스타일 결정 과정이 있다고 보는 것이 스타일-브랜드 고려군의 핵심이다. 예를 들어 특정한 A라는 스타일이 결정된 후 A 스타일을 보유하고 있는 브랜드 가운데 본인이 알고 있거나 선호하는 브랜드를 중심으로 치수나 색상 등의 요소를 통해서 최종적으로 브랜드와 상품을 결정한다는 것이다. 그렇기 때문에 잘 알려지지 않은 브랜드나 신생 브랜드일지라도 내가 아는 브랜드와 유사한 유행 스타일을 제시할 때 이를 인식하거나 고려상표군에 포함시킬 수 있게 되고, 스타일을 차별화했을 때 그러한 스타일을 원하는 소비자가 있다면 소비자들의 선택을 받을 수 있게 된다. 즉, 소비자는 자신이 원하는 스타일을 발견하면 자주 구입하던 브랜드가 아니더라도 새로운 브랜드의 상품을 구입할 수 있다. 또한, 소비자들이 어떤 브랜드의 특정 스타일을 선호하면 다른 브랜드에서 바로 해당 스타일과 유사한 스타일을 내놓는 것도 브랜드 선택보다 스타일에 대한 선택이 먼저 그리고 개별적으로 발생하기 때문이라고 할 수 있다.

이러한 스타일-브랜드 고려군의 형성은 휴대폰과 같은 제품을 구매할 때도 적용할 수 있다. 소비자들은 휴대폰을 구입할 때에도 브랜드 이미지에 따라서 특정 브랜드를 선호하거나 특정 브랜드를 원하지 않기도 한다. 그러나 제품 선택의 경우에는 특정 브랜드만 살펴보는 것이 아니라 우선 특정한 스타일에 따라서 여러 브랜드의 제품을 모아 놓고 그 안에서 특정 브랜드를 결정하게 된다. 예를 들어 슬림폰이 유행하는 시기라면 우선 슬림한 스타일의 상품들을 모아놓고 그 안에서 브랜드를 선택하기 위해서 기능이나 배터리 같은 제품 평가 기준들을 적용한다. 따라서 유명 브랜드라 하더라도 슬림한 스타일의 상품을 내놓지 못하면 고려상표군에서 제외되어 소비자 선택의 후보가 되는 기회조차 얻지 못하게 되는 것이다. 실제로 몇 년 전에 다른 회사들 보다 슬림폰을 먼저 내놓은

기존의 고려상표군의 관점	스타일-브랜드 고려군의 관점
소규모의 상표군 선택	소규모의 브랜드군 선택 · 소규모의 스타일군 선택
↓	↓
디자인, 가격, 소재 등의 부가적인 기준에 의한 비교, 판단	스타일 선택
	↓
	브랜드 선택
↓	↓
최종적인 상품 선택	최종적인 상품 선택

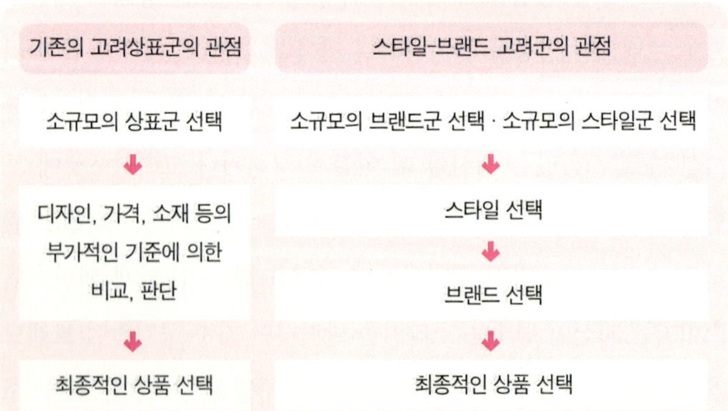

모토로라는 엄청난 자본 투자나 특별한 첨단 기술의 개발 없이 소비자의 취향을 읽고 스타일을 변화시킴으로써 초기 슬림폰 시장을 독식했을 뿐 아니라 브랜드 가치까지 올리는 일석이조의 효과를 보았다. 패션상품의 경우에도 한 매장에서 여러 브랜드의 상품을 비교하고 구매하는 때나 백화점처럼 여러 브랜드의 매장이 밀집된 지역에서는 소비자들이 스타일-브랜드 고려군의 선택방식을 사용한다는 것을 분명하게 확인할 수 있다.

따라서 스타일-브랜드 고려군의 관점에서 보면, 인지도가 낮은 브랜드는 목표 소비자의 취향을 고려하여 유행을 앞서가는 스타일이나 독특한 스타일을 제시해서 소비자들에게 소구해야 한다. 만일, 특정 스타일을 제 때에 내놓지 못한 경우에는 기존에 인정받은 브랜드라고 하여도 단순히 매출이 감소할 뿐만 아니라 소비자의 고려상표군에서 제외된다는 것을 기억해야 한다. 또한 스타일-브랜드 고려군의 관점은 소비자를 대상으로 활용할 수도 있다. 즉, 매장에서 특정 스타일만을 확인하는 소비자는 스타일은 결정했으나 브랜드를 결정하지 못한 경우이므로 해당 브랜드가 강점이 있는 부분을 제시하여 소비자를 설득해야 할 것이다. 또 매장에서 계속해서 여러 스타일을 보는 경우는 스타일을 결정하지 못해서 정보를 탐색하는 중일 수 있고 스타일 결정에 관여가 낮거나 브랜드에 충성하는 고객으로 볼 수 있으므로 해당 브랜드의 특별한 스타일을 제시하거나 유행 스타일을 추천하는 등의 방법을 통해서 고객에게 호의적이고 독특한 인상을 심어 주어 고객으로 확보하는 노력을 해야 할 것이다. 이처럼 소비자 행동은 지속적으로 변화하고 소비자 환경도 변화하기 때문에 소비자 행동을 바라보는 관점도 변화할 필요가 있으며, 소비자를 더 잘 이해하고 소비자 행동을 예측하기 위해서 기존의 고려상표군에 스타일을 동반하여 살펴보는 것과 같이 새로운 관점에서 소비자 행동을 살펴 보아야 한다.

상품 후기의 영향과 전략적 활용

전반적인 경기 침체로 오프라인 매장들이 불황에 시달리는 현재 시점에 인터넷 쇼핑몰의 성장세는 지속되고 있다. 2008년 2월에 통계청에서 발표한 2007년까지의 사이버 쇼핑몰 거래 현황에 따르면, 인터넷 쇼핑몰 전체는 2007년에는 전년 대비 약 17%가 성장했고, 의류·패션 관련 상품의 경우는 14% 가량 성장한 것으로 나타났다. 그러나 2006년 3월부터 본격적인 월간 거래량 1조 원 시대를 시작한 인터넷 쇼핑몰이 2000년대 초반처럼 급격한 성장을 하는 시대는 지났다고 여겨진다. 따라서 향후 인터넷 쇼핑몰이 계속해서 성장하기 위해서는 아직 인터넷과 같은 매체를 통해 상품을 구매한 경험이 없는 사람들이 구매를 시도할 수 있도록 인터넷 환경을 구매자의 관점에서 준비하는 것은 물론 다양한 방법으로 시험적인 구매를 촉진해야 한다. 무엇보다도 한 번 인터넷을 이용해 구매한 소비자들이 인터넷을 통해 재구매나 반복 구매를 할 수 있도록 해야 하는데, 소비자의 최초 구매 및 반복 구매와 관련하여 해결해야 하는 중요한 문제 가운데 하나가 인터넷 쇼핑에서 소비자가 지각하는 위험에 관한 것이다.

일반적으로 소비자들의 어떤 행동은 확실하게 예상하지 못하는 결과를 초래할 수 있고, 이 가운데 어떤 것들은 바람직하지 않을 수 있다. 이에 소비자들은 행동의 과정과 결과에서 불확실성을 일종의 위험요소로 보게 되고, 이러한 위험에 대한 지각이 높아질수록 온라인에서 구매를 망설이는 경우가 많아진다. 따라서 인터넷 쇼핑몰 업계에서는 소비자들의 이러한 위험지각(risk perception)을 줄이고 구매에 대한 확신을 심어주기 위해서 상품과 관련해서는 다양한 사진이나 동영상을 통해 상품의 실제 모습과 구체적인 설명을 제공하고, 상품 외적인 요소에서는 배송의 안전을 보장하거나 카드 결제의 기술적 안정성을 홍보하는 것과 같이 여러 가지 전략을 실행하고 있다.

최근에는 이러한 다양한 전략들이 소비자의 위험지각을 낮춰 주지만 소비자에게 구매에 대한 확신을 심어 주지는 못한다는 사실이 인정되면서, 직접적인 상품의 선택과 구매의 확신과 관련해서는 기업의 마케팅 전략이 아닌 소비자 스스로 생산하는 정보가 효과적인 도구로 각광받고 있다. 즉 기존에 경품 추첨 등의 촉진 전략에서 활용하던 단순한 사용 체험 수기를 벗어난 상품 후기는 소비자를 안심시키고 쇼핑을 촉진하는 중요한 매개체로 인식되고 있다. 여기서는 먼저 소비자의 정보 탐색에서 위험에 대한 지각과 상품 후기의 관계를 살펴보고, 상품 후기를 구체적으로 유형화하여 소비자에게 미치는 영향을 확인한 후 기업이 그 자체로 직접 통제할 수는 없으나 보다 효과적으로 상품 후기를 관리하고 활용할 수 있는 전략을 모색하고자 한다.

정보 탐색에서 위험지각과 상품 후기

인터넷 쇼핑으로 대표되는 온라인 쇼핑은 여러 장점들과 더불어 실제 매장에서의 구매와 다른 여러 가지 위험 요소들을 가지고 있는데, 온라인이라는 특성상 상품을 실제로 볼 수 없다는 것과 화면에서 본 상품이 실제와 차이가 있다는 것이 대표적인 위험 요소다. 소비자들은 이 외에도 배송의 방식이나 기간, 결제 방식 등이 오프라인 매장보다 불편하고 위험하다고 느끼고 있기 때문에 배송 추적 시스템, 익일 배송 시스템, 카드 인증 시스템 등을 개발하여 소비자가 느끼는 심리적 경제적 위협을 낮추고 거래의 안전성을 확보하여 온라인에서 상품 구매와 관련된 직간접적인 위험 요인을 줄여 왔다. 또한 3D 화면과 같은 기술적 발달로 상품을 입체적으로 다양한 각도에서 확인할 수 있게 되어 소비자에게 좀더 실물에 가까운 모습을 제공하고 있으나, 여전히 실제 상품을 볼 수 없기 때문에 실제 상품과 차이가 있을 것이라는 소비자의 위험지각을 크게 줄이기는 어렵다는 것 또한 사실이다. 그러한 실제 상품을 볼 수 있는 오프라인상의 쇼핑에서도 소비자들이 스스로 쇼핑에 대한 위험지각을 줄이기 힘들 때는 경험있는 타인에게 의견을 구하고 거기에 동조하려는 성향이 높아진다. 따라서 온라인상에서 타인의 의견이라고 할 수 있는 상품 후기는 위험지각을 낮추고, 구매에 대한 확신을 심어주는 매개체의 역할을 한다고 볼 수 있다. 소비자들은 원하는 상품을 이해하고 다른 상품과 비교하기 위해 판매자의 설명이나 상품 사진 등을 사용하고, 해당 상품을 실질적으로 선택할 때는 판매자와 이해 관계가 없고 자신과 동일한 위치에 있는 다른 소비자의 의견에 더욱 비중을 두게 된다. 따라서 결과적으로 마케터의 입장에서 한 소비자의 긍정적인 상품 후기는 단순한 구매 확인을 넘어 다른 소비자 및 잠재적 구매자들의 위험지각을 낮추고 구매를 촉진하는 역할을 할 수 있다는 것이다. 따라서 많은 인터넷 쇼핑몰들이 구매 소비자로부터 보다 긍정적이고 호의적인 상품 후기를 얻기 위해 여러 가지 노력을 하고 있다. 그러나 긍정적 상품 후기 혹은 부정적 상품 후기와 같은 단순한 상품 후기의 분류 기준은 다양한 소비자의 상품 평가를 너무 간단하게 유형화하여 인터넷 쇼핑몰 관리자에게 효율적인 정보를 제공하지 못하고 있다. 따라서 다양한 소비자의 의견을 효과적으로 반영할 수 있도록 상품 후기의 분류 기준을 좀더 새롭게 할 필요가 있다.

● 상품 후기의 예

번호	상품평	게시자
36447096	맘에 꼭 듭니다.	paulha
	일요일이 끼어서 배송이 좀 늦었지만 옷을 보니 괜찮네요. 잘 입겠습니다.	
36417202	생각보다 얇은	gihoans
	배송 추적이 안되는가 싶더니, 오긴 오네요. 생각보다 얇은 편	
36407171	많이 기다렸는데 배송 넘 느려요.	momocj
36405370	이뻐요 이뻐요	wattkcal
36386939	괜찮은 편이에요~	godlsy

상품 후기의 기능과 분류

앞서 말한 것과 같이, 상품 후기는 소비자의 위험지각을 낮추고 구매를 촉진하는 기능을 발휘할 수 있기 때문에 패션 마케터들의 많은 관심을 끌고 있다. 상품 후기에 대한 연구 결과를 통해서 알려진 일반적인 내용을 살펴보면 다음과 같다.

첫째, 상품 후기의 내용과 관계 없이 상품 후기가 없는 상품의 거래보다는 상품 후기가 어느 정도 있는 상품의 거래가 보다 많다. 물론 판매가 발생했기 때문에 상품 후기가 존재하지만 상품 후기가 있기 때문에 추가적인 매매가 발생할 수 있는 여지가 크며,

이러한 현상은 상품 후기의 내용을 통해 상품을 평가하기보다는 상품 후기를 상품에 대한 관심의 표현으로 평가하기 때문에 발생하는 것이다.

둘째, 상품 후기를 긍정적 내용과 부정적 내용으로 나누어 구매에 대한 영향력을 확인해 보면, 부정적 상품 후기의 영향력이 긍정적 상품 후기의 영향력보다 크다.

이는 상품 후기가 해당 상품의 구매를 촉진하는 것보다 구매를 억제하는 능력이 크다는 것을 의미한다. 부정적으로 작용한 상품 후기는 오히려 위험지각을 분명하게 만들어 구매를 어렵게 하고 결과적으로 제품의 판매를 감소시키는 역할을 할 수 있으며, 네거티브 마케팅(negative marketing)의 일환으로 경쟁 브랜드의 상품에 대해 악의적인 상품 후기를 집중적으로 게재하는 경우와 같이 악용될 수도 있다.

셋째, 상품 후기에 대한 신뢰의 측면에서 보면, 소비자들은 부정적이거나 긍정적인 내용이 개별적으로 들어 있는 상품 후기보다는 부정과 긍정이 적당히 섞여 있는 상품 후기를 보다 신뢰한다.

따라서 판매자는 소비자들이 사실을 왜곡하지 않는 수준에서 좀 더 균형된 상품 후기를 보다 많이 올릴 수 있도록 우수한 상품 후기를 보여주고, 좋은 상품 후기를 게재할 때마다 인센티브를 제공하는 방법을 사용할 필요가 있다.

상품 후기와 관련한 일반적인 내용을 살펴본 결과, 패션상품에 대한 소비자들의 관여 수준이 높아지고 상품 특성을 보다 잘 이해하고 있는 현실에서 다양한 의미를 담고 있는 상품 후기를 긍정과 부정으로 양분하는 것은 상품 후기의 의미를 축소하여 취급하는 문제가 있고, 너무 많은 내용으로 세분화한다면 분류의 의미가 없음을 알 수 있다. 따라서 상품 후기의 긍정적 측면과 부정적 측면을 한 축으로 하고, 상품 후기의 내용에 따라 감정적인 요소와 기능적인 요소를 한 축으로 하여 상품 후기를 일차원이 아닌 이차원으로 분류하는 방법을 제시하고자 한다.

아래의 그림과 같이 상품 후기를 유형화한다면 판매자와 소비자들은 앞선 구매자가 남긴 상품 후기의 내용을 세분화하여 각 사분면에서 어떤 요인이 소비자의 구매 혹은 비구매에 영향을 주는지 보다 정확하게 파악할 수 있다. 예를 들어, 상품의 사이즈에 대한 불만은 기능상의 부정적 상품 후기가 되고, 디자인에 대한 만족은 감정상의 긍정적 상품 후기가 된다. 이는 패션상품과 같이 상품의 감정적 측면과 기능적 측면을 동시에 고려해야 하는 상품에 적합할 수 있으며, 필요에 따라서는 상품의 특성에 따라 이에 대한 내용을 변경하여 적용함으로써 상품 후기를 다양하게 분류하여 구매와의 관계를 확인할 수 있을 것이다. 또한 상황에 따라서는 추가적인 분류를 통해 좀 더 구체적으로 살펴보는 것도 구매와의 관계를

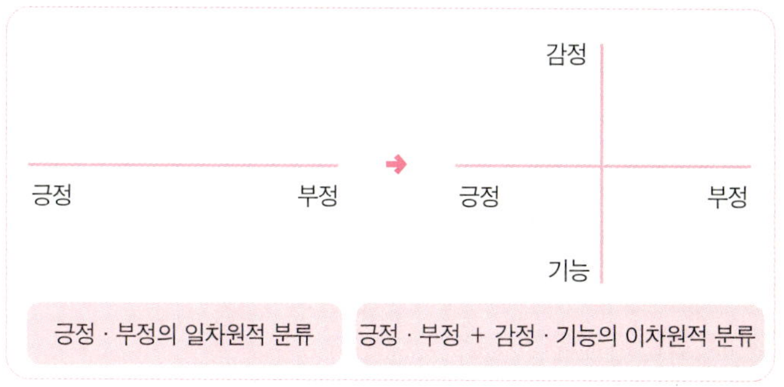

명확하게 하는 데 도움이 될 수 있다. 예를 들어, 감정적 요소가 주된 상품 후기를 다시 분류할 때는 감정적 요소를 단순히 개인이 느끼는 감정과 타인이 지각하는 감정으로 나누어 볼 수 있고, 기능적 요소가 주된 상품 후기를 세분할 때는 상품의 기능에 대한 것과 상품 외적인 기능에 대한 것으로 나누어 접근해 볼 수 있다.

상품 후기의 신뢰성 문제

상품 후기에 대한 분류 기준을 보다 명확하게 하고 적절한 기준축을 설정하여 이를 유형화한 후 구매와의 관계를 설명한다고 해도 소비자가 상품 후기 자체를 불신한다면 상품 후기의 분류가 가지는 의미는 퇴색된다. 따라서 소비자가 상품 후기를 어느 정도 신뢰하는가 역시 상품 후기와 관련하여 확인해야 하는 중요한 문제이다.

상품 후기에 대한 신뢰는 크게 의도된 상품 후기에 대한 신뢰와 의도되지 않은 상품 후기에 대한 신뢰로 나누어 볼 수 있다. 의도된 상품 후기라는 것은 판매자가 직간접적으로 개입한 경우로, 판매자 측이 호의적인 상품 후기를 얻기 위해 부정적 상품 후기를 일방적으로 배제 혹은 삭제하거나 지나치게 긍정적인 상품 후기를 유도하여 사실이 왜곡된 상품 후기가 존재하는 경우를 말한다. 소비자들이 이러한 개입을 인식하는 때에는 긍정적인 상품 후기라고 해도 상품 후기 자체의 신뢰도가 떨어져 위험지각을 줄이는데 영향을 주지 못하고 상품에 대한 구매 의도는 물론 사이트에 대한 신뢰마저 떨어질 수 있다. 또한 반대로 악의적인 경쟁자에 의해 올려진 부정적 상품 후기가 지배적인 경우 소비자들이 이를 전적으로 신뢰하지는 않는다고 하더라도 부정적 영향에 따라서 전반적인 구매 의도는 낮아질 수 있다. 따라서 상품 후기를 전략적으로 활용하지 않는다고 하더라도 관련 게시판을 꾸준히 점검할 필요가 있고 관리하지 않을 때는 차라리 상품 후기를 위한 공간이 없는 것이 더 낫다고 할 수 있다.

의도되지 않은 상품 후기는 외부의 개입 없이 구매자가 스스로 상품에 대한 정보를 제공하는 보통의 경우를 말하는데, 이 때는 일반적으로 상품 후기가 긍정적 내용과 부정적 내용이 혼합될수록(물론 긍정적 내용이 부정적 내용보다 많아야 한다), 보다 많은 상품 후기가 올라올수록 신뢰는 물론 구매에도 긍정적 영향을 줄 수 있다. 그러나 소비자가 의도하지 않았더라도, 예를 들어 패션상품의 경우 자신의 신체 사이즈를 잘못 알고 있어서 정상적으로 제공된 판매자의 정보를 왜곡해서 해석하는 경우 등에도 다른 소비자의 구매에 부정적 영향을 줄 수 있다. 따라서 위와 같은 경우에는 사이즈를 효과적으로 측정하거나 구분하는 방법을 제공하여 소비자가 의도하지 않았으나 부정적 상품 후기가 되는 경우를 최소화하여야 한다. 또한 컬러가 중요시되는 상품들의 경우에는 모니터 상에서 컬러가 소비자의 모니터 설정에 따라 다를 수 있다는 것을 설명하거나 소재가 보다 중요한 경우에는 소재의 특성을 알기 쉽게 설명해서 첨부하는 것도 대안이 될 수 있다.

한편 인터넷 쇼핑몰 관리자의 응답도 전체적인 상품 후기에 영향을 줄 수 있다는 것을 기억해야 한다. 사이트에 게시하는 정보는 소비자에게 일방적이지만 상품 후기는 관리자의 일방적 정보에 대한 반응이고 관리자의 응답은 소비자 반응에 대한 재반응이라고 할 수 있다. 대개의 경우 판매자의 답변은 상품 후기에 대한 응답의 형식으로 상품 후기의 일부를 구성한다. 때문에 예를 들어 소비자가 잘못된 점을 지적했을 때 얼마나 효과적으로 응답하여 소비자의 불만을 해소하는지 응답하는 태도를 통해 믿을 수 있는 판매자라는 인상을 줄 수 있는지 등의 내용은 소비자의 신뢰에 영향을 준다. 거의 모든 의견에 덧붙이는 글을 달아서 관심에 대한 감사를 표하고, 설명이 필요한 경우에는 답글을 달아 즉각적인 피드백을 제공할 때, 기존 구매자들은 판매자에게 호감을 높이고 예비 구매자들은 일반적인 신뢰감을 형성할 수 있게 된다. 판매자는 긍정적 상품 후기에 대해서는 겸손과 기쁨의 태도로 대하고, 부정적 상품 후기에 대해서는 솔직하고 적극적으로 대응할 필요가 있다. 이러한 판매자의 응답은 긍정적 상품 후기의 효과를 배가시키고 부정적 상품 후기의 효과를 감소시킬 수 있다.

패션상품의 구매와 정보원 활용

식료품이나 일반적인 내구재에서는 상품 자체만을 평가한 후 구매하는 것과 달리 의류 제품, 잡화, 그리고 액세서리 등을 포함한 패션상품을 구매할 때에는 보통 상품 자체에 대한 평가 과정과 유행 스타일에 대한 평가 과정을 각각 거쳐서 최종적으로 패션상품을 구매하는 단계에 이르게 된다. 이러한 평가 과정에서 소비자들은 여러 가지 패션상품의 특성과 유행을 정확하게 이해하고 대안 상품들을 평가하기 위해서 매장의 디스플레이, TV, 잡지, 친구나 동료, 그리고 길거리의 사람들 등과 같은 여러 가지 대중 매체나 사람들을 통해서 구매하고자 하는 패션상품에 관한 정보를 얻는다. 패션 마케터들은 광고나 홍보 같은 전통적인 촉진 전략 외에도 이메일이나 문자 메시지로 신상품, 이벤트 등에 관한 정보를 제공하거나 인터넷 쇼핑몰에서 긍정적인 사용 후기를 적극적으로 홍보하여 목표 소비자들에게 전달하고 있다. 또한, 버즈 마케팅(buzz marketing)과 같은 방법들을 통해서 소비자들이 소비자에게 상품 구매에 필요한 정보를 제공하고 구매에 필요한 확신을 심어줄 수 있는 환경을 조성한다. 유사한 정보를 다양한 방법으로 소비자에게 제공하는 이유는 소비자들이 정보를 얻는 원천인 정보원(information sources)에 따라서 같은 정보라도 다르게 인식하거나, 제공되는 정보와 더불어 정보원의 영향이 상호작용을 일으키기 때문이다. 따라서 소비자에게 다각적으로 반복적인 정보를 제공하고자 하는 마케터에게 있어서 목표 소비자가 상품 선택에서 활용하는 정보원들을 체계적으로 분류하고, 분류된 정보원들의 공통적인 장단점을 파악하는 것은 여러 가지 마케팅 전략을 계획하는데 있어서 기본이 된다. 여기서는 기존에 많이 활용되고 있는 정보원의 분류 방법과 장단점을 살펴보고, 새로운 정보원의 분류 방법과 필요성, 그리고 활용 방법에 대하여 알아본다.

정보원의 분류 1 : 인적·비인적 정보원

소비자들이 상품의 구매에 활용하는 정보원을 정보원의 매체적인 특성에 따라서 크게 친구, 매장의 판매원, 거리의 사람들 등과 같은 인적인 정보원과 TV, 잡지, 매장 내외의 디스플레이, 인터넷 등과 같은 비인적인 정보원으로 나누는 것은 전통적인 정보원의 분류 방법이다. 패션상품의 구매와 관련한 정보원 활용에 관한 연구들을 종합적으로 살펴보면, 예전에는 유행에 민감하고 새로운 것을 추구하는 성향을 가진 소비자들은 가족 또는 매장 판매원과 같은 인적 정보원의 설명이나 옷차림에서는 상대적으로 영향을 받지 않는 편이고, 패션잡지와 같은 비인적인 정보원들을 주로 활용하는 것으로 나타났다. 실제로 유행을 선도하는 소비자들은 다른 사람보다 앞서서 유행을 채택하기 때문에 대인적인 영향이 적고 매체와 같은 정보의 영향이 클 수 밖에 없다. 반면 유행에 민감하지 않은 소비자들은 유행과 상품에 대한 지식 수준이 높지 않아서 보다 많은 패션 정보를 가진 친구나 판매원 등으로부터 패션상품에 관한 의견을 듣고 이들의 권유를 따르는 경우가 많은 것이 일반적인 현상이다. 그러나 시대적 환경이 변화하면서 인터넷과 같은 비인적 매체를 통해 많은 정보를 얻는 경우와 유행에 민감한 경우 사이의 상관 관계가 높은 것도 아니고, 국내외 유명 연예인들의 스타일을 빠르게 모방하는 경우가 많아진다고 해서 이들이 다른 인적인 정보원을 적극적으로 활용하는 것은 아니라는 것이 밝혀지고 있다. 단지 인적, 비인적이라는 매체 특성으로 정보원들을 나누는 것은 정보에 대한 접근 수단을 통한 구분이기 때문에 정보에 대한 내용적 접근에서 한계를 갖는다. 따라서 정보원으로부터 얻는 정보의 성격이나 내용에 대해 새롭게 접근하는 방법도 필요하다. 예를 들어, 케이블 TV, 패션잡지, 국내외 유명인 등의 정보원을 주로 활용하는 이유는 이들이 최신 유행 정보를 제공한다는 공통적인 특성을 가지고 있고, 인터넷 사용 후기, 친구나 판매원의 설명 등은 최신 정보의 전달보다는 정보에 대한 확신의 기능을 제공한다는 특성을 찾을 수 있다.

단순한 매체 특성이 아닌 소비자와의 관계를 통해 정보원을 분류한 것이 마케터 주도적 정보원, 개인적 정보원, 그리고 중립적 정보원으로 나누는 것이다.

먼저 마케터 주도적 정보원은 판매원, 광고, 점포의 디스플레이 등과 같이 마케터가 자사의 브랜드나 상품에 관해 우호적인 정보를 줄 수 있도록 사전에 준비하고 배치하여 소비자들에게 정보를 제공하는 정보원이라고 할 수 있다. 따라서 소비자들은 의사결정 초기 단계에서 이러한 마케터 주도적 정보원을 접하는 경우가 많고, 마케터들은 대상 소비자들이 보다 강력하고 호의적인 정보를 얻을 수 있도록 이러한 정보원의 수준이나 수량 등을 계획해야 한다.

둘째로 개인적 정보원은 소비자 개인과 직접적으로 관련된 가족, 친구, 회사나 학교의 동료 등을 의미하며 이들은 소비자의 의사 결정 과정에 직접 참여하거나 구매를 승인하는 역할을 한다. 또한 소비자 개인의 입장에서 정보를 제공하기 때문에 소비자들은 개인적 정보원에 대해 깊은 신뢰를 가지고 있으며, 주로 의사 결정 과정의 후기에 이들을 활용하는 경우가 많다. 따라서 마케터들은 소비자와 개인적 정보원의 관계를 인식하여 광고 등에서 이들의 역할을 적극적으로 활용할 필요가 있다.

셋째로 중립적 정보원은 마케터와 소비자 개인의 영향력으로부터 비교적 분리된 공공기관들이나 특정한 개인들이 제공하는 정보를 의미하는데, 예를 들어 공공기관에서 발행하는 잡지나 공신력 있는 언론매체에서 제공하는 뉴스 발행물을 말한다. 이들은 정보원 자체의 권위가 높으면서도 공공성이 인정되기 때문에 소비자들의 객관적 신뢰를 얻을 수 있다. 따라서 마케터는 PR과 같은 방식

의 촉진 전략을 통해서 소비자들이 상대적으로 믿을 수 있는 정보
원으로부터 자사의 브랜드나 상품에 대한 정보가 노출될 수 있도
록 해야 한다.

그러나 시대가 변하면서 소비자의 인식 속에서는 이러한 정보원
의 명확한 구분이 사라지고 있다. 예를 들어 인포머셜(informercial)
과 같은 광고 형태와 기업의 적극적인 PR 전략으로 인해 마케팅 주
도적 정보원과 중립적 정보원의 경계가 모호해지고 있으며, 기업의
구전 마케팅, 네트워크 마케팅(network marketing) 등을 통해서 개
인적 정보원과 마케팅 주도적 정보원의 관계가 희석되고 있는 것이
다. 그러므로 여기서도 소비자와의 관계라는 단일한 분류 기준에
의존하기 보다는 정보의 성격이라는 새로운 분류 기준을 추가하여
마케팅 전략에 활용할 수 있도록 정보원을 재분류할 필요가 있다.

● 정보원 분류의 변화

인적 정보원 비인적 정보원	마케터 주도적 정보원 개인적 정보원 중립적 정보원	규범적 영향의 정보원 정보적 영향의 정보원 동일시적 영향의 정보원
매체 특성을 통한 분류	소비자와 관계를 통한 분류	정보의 성격을 통한 분류
다양한 정보원들을 정보원 집단으로 축소	다양한 정보원들을 정보원 집단으로 축소 + 정보원의 원천과 신뢰 를 통한 접근	다양한 정보원들을 정보원 집단으로 축소 + 소비자의 정보 활용을 통한 접근

정보원의 재분류와 마케팅 전략

패션상품 구매에서 정보원 활용과 관계된 최근 연구와 마케팅 전략의 동향을 살펴보면, 전통적 정보원 분류에서 벗어난 새로운 형태의 정보원 분석이 이루어지고 있다. 예를 들어 정보원들을 크게 분류하지 않고 각각의 정보원을 독립적인 가치를 인정하여 개별적으로 활용하되 비용과 연쇄적 효과를 고려한 통합적인 정보원 활용을 통해 실제 마케팅 전략에서 효율성을 높여 가고 있다. 또한 정보원들이 제공하는 정보의 성격에 따라서 TV, 잡지, 디스플레이 등의 정보원을 시각적 정보원으로, 신문, 라디오, 인터넷·홈쇼핑 등의 정보원을 인지적, 청각적 정보원으로 보고, 판매원이나 친구의 조언, 과거 구매 경험 등의 정보원을 구전 정보 및 직접 경험에 의한 정보원으로 나누고, 유명인, 거리의 사람들 등의 정보원을 자신이 닮고자 하는 열망을 담은 일체화 정보원으로 분류하는 것과 같이 새로운 기준으로 정보원을 재분류하고 있다. 이러한 분류는 외형적으로는 기존의 분류와 유사하나 정보원들의 외형적인 유사성이 아닌 정보원으로서의 기능적 유사성을 통해서 분류했다는 점에서 차이가 있다. 이는 또한 소비자들이 정보원들의 분류 기준을 기능적인 유사성으로 인식하기 시작했으며 마케터들이 이를 마케팅 전략의 준비 과정에 반영하고 있다는 것을 의미한다. 따라서 마케터들이 모든 정보원을 활용할 수 없어 선택적으로 정보원을 채택할 때 고려해야 하는 변수들이 변화하고 늘어나게 되었다. 예를 들어, 하나의 상품 범주에서 예산 등의 문제 때문에 선택적으로 사용했던 신문과 잡지의 패션 광고는 단순히 예산의 문제가 아니라 어떤 정보를 제공할 것인가 라는 전략적 관점에서 선택해야 한다. 즉, 시각적 정보를 중점적으로 제공하는 경우에는 잡지를, 인지적 정보를 중점적으로 제공하는 경우에는 신문을 선택해야 한다는 것이며, 또한 매체의 선택은 단순히 정보 제공 방식의 문제가 아니라 두 매체 간의 관계와 해당 매체의 효과를 충분히 고려해서 이루어져야 한다는 것이다.

한편, 정보원을 활용할 때는 기존에 정해진 유형에 따라서 동일한 기능만을 수행한다고 이해하여 상호배타적으로 접근해서는 안 된다. 예를 들어, 친구나 또래집단이라는 정보원은 최신 유행 정보의 제공과 정보에 대한 신뢰 및 확신 제공이라는 기능을 독립적으로 혹은 순차적으로 제공할 수 있다. 또한 정보의 제공과 정보의 신뢰라는 내용 역시 서로 배타적인 관계에 있는 것이 아니라 상호 보완적인 관계에 있다는 것을 기억해둘 필요가 있다. 정보원을 분류한다는 것은 단순히 다수의 정보원들을 소수로 요약하는 것이 아니라 소비자들을 더 잘 이해하여 보다 효과적인 정보원 활용 전략을 개발하기 위함이다. 따라서 이전처럼 인적 · 비인적 정보원을 주로 활용하는 소비자로 나누는 것보다 어떤 정보원들을 어떻게 활용하는가를 파악하여 소비자들이 정보원을 통해 얻는 정보의 성격을 이해하는 것이 더 중요하다. 기존의 정보원 분류를 통해 소비자가 정보를 만나는 장소를 알 수 있고 정보원의 활용에 따른 정보의 성격을 통해 정보원을 분류한다면 소비자가 정보를 만나는 장소와 목적을 동시에 알 수 있기 때문에 소비자의 입장을 한층 더 고려한 효과적인 커뮤니케이션 전략을 개발할 수 있을 것이다.

기업의 사회적 책임과 소비자 인식

최근 많은 기업들이 실행하고 있는 사업 활동이나 사회 활동의 성격이 변화하고 있다. 이는 기업들의 광고가 점차 달라지고 있다는 사실을 통해서 직접적으로 확인할 수 있다. 전통적으로 광고는 새로운 상품을 출시하거나 새로운 브랜드를 런칭할 때 기업이 주로 활용하는 대표적인 촉진 전략으로 볼 수 있으나, 요즘에는 기업을 홍보하는 광고가 예전에 비해 빈번해지고 있다. 또한 그 내용에서도 단순히 과거처럼 기업 자체를 소개하거나 사업 내역을 설명하는 것이 아니라 보다 구체적인 이슈를 가지고 소비자에게 다가서고 있다. 예를 들어, 자신들이 실천하고 있는 기업 활동들이 얼마만큼 윤리적이거나 친환경적인지 구체적인 예를 통해 설명하고 있으며, 각종 자원봉사 활동에 참가하고 공공사업을 적극적으로 추진하고 있다. 결국 이러한 활동의 궁극적인 목표는 자신들을 사회와 국민에 기여하는 기업으로 보이기 위함이다. 그렇다면 왜 이러한 현상들이 일어나고 광고를 통해서 다시 소비자들에게 보여지는 것일까? 기업들이 이익의 원천이 되는 소비자의 중요성을 새삼 깨달아서 소비자들에게 수익의 일부를 자발적으로 환원하려는 것일까? 아니면 소비자 단체나 각종 사회 단체의 압력에 기업들이 무기력하게 굴복하고 있는 것인가? 혹시 새로운 수익을 창출하기 위한 투자의 관점에서 기업 활동을 변모시키는 것이고 이는 일종의 기업 차원의 마케팅 수단은 아닐까라는 질문을 해볼 수 있다.

소비자에 기반하고 소비자와 분리해서는 성공할 수 없는 기업일수록 소비자에게 혜택을 입고 있다고 할 수 있고 이를 다시 소비자에게 돌려주어야 한다는 것은 일면 당연하다. 단지 어느 만큼 소비자에게 환원할 것인가, 환원하는 부분을 단순히 선행으로 볼 것인지 아니면 일정 부분 의무화해야 하는지가 관건이라고 할 수 있다. 또한 사회에 대한 환원도 중요하지만 애초에 기업이 성공하는 과정에서 부정부패나 비리를 저지르지 않았는지, 기업의 이익을 위해 소수의 사람이라도 부당하게 착취하거나 몰래 환경을 파괴하지 않았는지 등의 문제도 확인할 필요가 있다. 타인의 희생을 기반으로 한 더러운 성공과 기부는 사회적 환원이 아니라 원래 해당 사회에 속해 있는 것을 강탈한 것에 불과하기 때문이다. 여기서는 기업이 최초 활동을 시작해서 수익을 얻고 최종적으로 수익을 사용할 때까지 발생하는 소비자, 사회와의 관계를 기업의 사회적 책임(CSR; Corporate Social Responsibility)이라는 말을 통해 총체적으로 규정하고 기업 활동을 소비자의 입장과 기업의 입장에서 각각 살펴보고자 한다.

◉ 기업의 사회적 책임의 구조

기업의 사회적 책임	
어떻게 버는가의 문제	어떻게 쓰는가의 문제
생산과정의 문제 - 본질적이고 기본적인 문제 (노동문제, 환경문제)	이윤환원의 문제 - 부가적이고 마케팅적인 문제 (교육사업, 지역 사회 봉사)

기업의 사회적 책임의 개념

기업은 자신의 회사에서 일하는 직원들에 대해서 안정된 고용,

적절한 임금, 개선된 노동 조건 등을 제공하는 등의 일정한 책임을 가지는데, 업무상의 재해에 대한 해석 범위가 넓어지는 것에서 볼 수 있듯 점차 기업이 직원들에게 보장해 주어야 할 책임 범위가 넓어지고 있다. 그리고 직접 고용한 직원뿐만 아니라 지역사회나 구매자들과 같이 기업이 장기적으로 책임져야 할 대상도 단순히 고용 여부의 범주를 넘어서 점차 확대되고 있다. 이처럼 기업의 사회적 책임이라는 것은 기업이 짊어져야 하는 책임의 대상과 범위가 사회로 확대된 것이다. 다시 말해 기업이 소비자에게 상품과 서비스를 제공하여 이익을 얻는 것과 같은 경제적 기능을 넘어서 기업 구성원, 소비자, 국가 등 기업과 관련된 이해 당사자들에 대해서 단순한 공헌 이상의 관심을 가져야 하고, 소비 활동이 원활할 수 있도록 사회에 발생하는 공동의 문제를 해결하는 데 도움을 제공해야 할 책임이 있다는 것이다. 물론 기업 본연의 임무인 이윤 추구를 방해하고 시장의 비효율성을 초래할 수 있다는 비판이 있기도 하다. 그러나 기업은 우리 사회의 목표 혹은 가치의 관점에서 바람직하다고 평가하는 정책을 추구하고 실천해야 할 의무를 통해서 지속가능한 이윤을 추구하고 시장을 합목적적으로 운영할 수 있을 것으로 평가한다.

기업의 사회적 책임은 크게 2가지 내용에서 살펴볼 수 있는데, 첫째는 기업이 어떻게 돈을 벌어야 하는가의 문제로 기업은 이윤을 추구하는 과정에서 반사회적인 행동을 해서는 안 되고 보편적인 규정(global standard)을 준수해야 한다는 것이다.

예를 들어, 나이키의 하도급 업체들이 축구공을 만드는 과정에서 어린이들을 착취한다는 사실을 알면서도 방치한 사건이나 이랜드가 재고 상품을 신상품처럼 제조일자를 속여서 판매하다 적발된 사건처럼 비윤리적인 수익 추구 행동이 다시는 발생하지 않도록 상품이나 서비스의 생산에서 최종 소비자에 도달하는 전 과정에서 기업들은 선량한 관리자로서 책임을 다해야 한다. 또한 월마트와 같은 유통업체들이 노조 활동을 허용하지 않거나 직원들에 대한 처우를 개선하지 않는 것, 이랜드가 비정규직 노동자들을 탄압하는 행위 역시 이윤 추구의 과정에서 발생하는 불공정한 행위이므로 이러한 행동을 개선해야 할 의무가 있다.

둘째는 기업이 어떻게 돈을 써야 하는가의 문제다. 기업은 일반적으로 장학재단 설립, 소외 계층에 대한 지원 등과 같은 사회봉사 활동을 통해 기업이 벌어들인 이윤을 사회에 환원한다. 그런데, 사회 공헌이라는 이름으로 수익의 일부를 사회에 환원할 때는 그러한 행동을 지속적으로, 정기적으로 시행할 수 있도록 기획해야 하고, 외형적으로 비춰지는 모습에 그치는 것이 아니라 진정성을 동반해야 한다.

패션 기업의 사회적 책임

패션 산업에 속한 기업들은 화학섬유를 사용하는 반환경적인 제품을 생산한다는 이유만으로도 보다 많은 사회적 책임을 져야 한다는 의견들이 제기되고 있다. 일반적으로 면과 같은 소재들은 환경 친화적이라고 생각할 수 있으나 세탁과 관리에서 더 많은 에너지를 소모시키기 때문에 친환경적이라고 할 수 없으며, 청바지와 같은 제품들 역시 워싱(washing) 같은 생산 과정에서 많은 독성물질을 양산하고 자원을 오염시킨다. 최근 등장한 패스트 패션(fast fashion)의 영향으로 더 많은 양의 의류 상품이 보다 짧은 시간 내에 소비되어 버려지고 있으며 특히 이러한 상품들은 최소한의 품질 테스트도 거치지 않는 경우가 많아서 환경뿐 아니라 인체에 대한 직접적인 유해성 여부도 문제가 되고 있다. 따라서 보다 적극적으로 환경 파괴적인 패션 기업이나 패션상품에 대한 평가가 이루어져 현실에 반영되어야 한다. 진보적 소비자 단체들은 깨끗한 옷 입기 운동(CCC; Clean Clothes Campaign)과 같이 생산 과정에서 노동자의 인권을 침해하고 노동 착취를 통해서 만들어지는 옷을 입지 말자는 캠페인을 벌이고 있다. 소비자들에게도 상품의 가격이나 브랜드의 명성으로 패션상품을 선택하는 것이 아니라 생산과 유통 과정에서 노동 착취나 불공정 거래가 일어나지 않은 깨끗함이라는 가치로 패션상품을 평가할 것을 제안하고 있으며 이러한 운동은 지속적으로 확대되고 있다. 따라서 장기적인 입장에서 볼 때, 패션상품의 가치 평가 기준에 이러한 요소들이 점차 반영되고 중요하게 여겨질 수 있다는 것을 생각해야 한다. 이처럼 공공의 이익을 파괴하여 손상된 기업 이미지는 직접적인 상품 매출에 영향을 줄 수도 있다. 따라서 기본적으로 반환경적인 상품 특성과 노동 착취의 가능성이 높은 생산 구조를 가지고 있는 패션 기업이 이러한 약점을 어떻게 극복하고 친환경적이고 친인권적인 패션 기업으로 포지셔닝을 선점할 것인가는 환경과 노동, 그리고 인권에 대한 소비자의 관심이 증가하는 지금의 시점에서 중요한 문제다.

패션 기업의 공공성과 기업 이미지

이론적으로 볼 때, 기업과 관련된 연상은 브랜드 자산(Brand Equity)을 구축하는 핵심 요건인 브랜드 이미지를 형성하는 중요 요소이기 때문에 기업과 관련된 강력하고 호의적이며 독특한 연상은 결과적으로 긍정적인 브랜드 자산을 증가시키는 무형적인 요인이 된다. 따라서 현 시점에서 상기한 기업 윤리, 친환경, 그리고 친인권 등의 문제와 관련하여 우호적인 기업 이미지를 가질 수 있다는 것은 브랜드 자산의 증가에 있어서 무엇보다도 중요하다고 할 수 있다. 물론 현실적인 입장에서 기업이 사회적 책임을 지키기 위해 지출하는 비용이 증가하면 결국 상품의 가격이 상승하게 되고, 가격에 민감하면서 생산 과정에 관심이 없는 대다수의 소비자들은 이러한 기업의 상품을 외면해 버리기 때문에 기업은 사회 공헌이나 공공 이익의 창출에 커다란 관심을 가지지 않는다는 주장을 할 수도 있다. 그러나 궁극적으로 기업은 공공성의 확보 자체가 잠재적 소비자와 우호적인 관계를 형성하고 호의적인 브랜드나 기업 이미지를 구축하는 원천이 된다는 것을 이해해야 하고, 이러한 이미지를 선점할 때 더 큰 효과를 발휘할 수 있음을 알아야 한다. 또한 기업이 사회적 이슈들을 단순히 이익 추구를 위한 홍보 수단으로 활용하려고만 한다면 문제가 발생했을 때 더 큰 대가를 치러야 한다는 것도 기억해야 한다. 한편으로 소비자들 역시 공공의 이익 증진이 궁극적으로 개인의 이익을 보호하는 밑바탕이 된다는 것을 인식하고 기업의 사회 공헌을 공정하게 평가하는 것이 중요하다. 또한, 기업이 이러한 소비자의 의식과 행동에 직접적인 반응을 할 수 있도록 기업에 대항할 수 있는 소비자의 힘을 지속적으로 조직화하고 확대할 필요가 있다. 무엇보다도 공공성이라는 것은 단지 소비자와 기업의 이익이나 주도권 경쟁에 사용되는 이슈로 그치는 것이 아닌 시장의 지속가능한 발전(sustainable development)을 위해 모두가 노력해야 하는 공동의 과제로 인식하고 행동해야 할 것이다.

기업의 사회적 책임의 마케팅적 역할

궁극적으로 기업들이 시대적 흐름에 따라 사회적 책임을 자각하고 이를 실천하고자 노력한다 하더라도, 기업의 본질은 이윤을 추구하는 데 있기 때문에 무한정으로 책임의 대상이나 범위를 규정하지는 않는다. 또한 기업의 입장에서는 보다 적은 돈을 투자하여 보다 많은 책임을 지고 있다는 모습을 보여주는 것이 유리하기 때문에 돈을 버는 과정에서 발생하는 문제에 대해 적극적으로 책임을 지기보다는 돈을 벌어서 이윤의 일부를 환원하는 과정에 보다 많은 관심을 나타내고 있으며, 계획들은 장기적이고 체계적이기보다는 단기적이고 가시화된 사회 공헌을 약속하는 일이 많다. 윤리경영을 선포하고 이를 지속적으로 실천해 온 해피랜드는 지난 2001년 업계 최초로 자사가 제조한 유아용품의 결함을 인정하고 상품전량을 회수하는 등 브랜드 가치를 높이는 활동을 해온 결과, 2004~2006년까지 3년 연속 해당 분야에서 브랜드 가치 1위 기업에 선정되었고 2005년에는 대한민국 100대 브랜드에 뽑히기도 하였다. 이처럼 실질적으로 사회적 책임을 다하는 경우에 기업의 내부 구성원에게는 바른 기업정신을 불어넣어 줄 수 있고, 기업의 외부 구성원에게는 올바르다는 기업 이미지를 제시할 수 있기 때문에 결국 기업의 온당한 홍보 수단으로 활용되거나 브랜드 이미지와 관련한 현실적인 이익에 기여한다는 것을 보여준다. 그러나 현실적으로 많은 소비자들은 기업의 많은 투자가 필요한 책임 있는 행동보다는 장학사업이나 환경보호 사업과 같이 가시적인 분야에 기부하는 기업들에 보다 높은 호의를 나타내고 있다. 이러한 소비자의 인식은 한편으로 깨끗한 돈을 버는 것보다 사회 공헌 활동에 보다 많은 이윤을 환원하고 이 과정에서 마케팅 효과를 누릴 수 있도록 기업을 유도하는 부분이 있다. 따라서 소비자들이 기업이 돈을 버는 과정에 대해 크게 관심을 두고 이에 대한 평가 비중을 높일 때, 기업들의 사회적 책임의 대상과 범위가 커질 수 있을 것이다.

한편, 기업과 소비자는 기업의 사회적 책임에 대해 소비자와 기업이 서로 어느 정도 다른 생각을 가지고 있다는 것을 알아야 한다. 일반적으로 소비자들은 기업이 사회적 책임에 낮은 관심을 보일 것으로 생각하고 있고, 기업은 기업의 사회적 책임에 대한 실천 여부가 소비자들의 브랜드 평가나 구매에 낮은 영향을 줄 것으로 생각하고 있다. 그러나 실제로 여러 연구에 따르면 소비자들이 기업에 대해 생각하는 것보다 기업은 사회적 책임에 대해 더 많이 인지하고 실천하고 있으며, 기업이 사회적 책임을 다하는 것은 소비자의 구매에 큰 영향을 주지는 않았으나 브랜드에 대한 선호도나 애호도를 형성하는 데 많은 영향을 주고 있음을 알 수 있다. 그러므로 소비자와 기업은 서로 가지고 있는 불신의 벽을 낮추고 소비자의 이익이 기업의 이익이라는 큰 부분에서 합의가 이루어진 것과 같이 소비자와 기업이 기업의 사회적 책임에 대해서 서로 유사한 수준으로 인식할 수 있도록 서로 도와야 한다. 또한 이러한 사회적 책임의 방향이 사회 공헌 쪽으로 편중되지 않도록 소비자들은 기업의 여러 가지 사회적 책임 행동을 종합적으로 평가할 필요가 있다. 마지막으로 사회적 책임을 다하는 기업에 대한 평가는 사회적 책임을 수행하는 시간과 직선적인 관계가 있는 것이 아니라 상승곡선의 효과를 가지고 있다는 것을 기억하고, 기업은 체계적이고 장기적인 관점에서 출발하여 사회적 책임을 다하는 것이 소비자 - 사회 - 기업이 모두 공존하는 데 필요한 최소한의 선택이라는 것을 받아들여야 할 것이다.